DE

LA JURIDICTION

DES

RÉFÉRÉS

THÈSE POUR LE DOCTORAT

PAR

Édouard DEBLOCK

AVOCAT

A HAZEBROUCK (Nord)

PARIS

LIBRAIRIE NOUVELLE DE DROIT ET DE JURISPRUDENCE

ARTHUR ROUSSEAU, ÉDITEUR

14, RUE SOUFFLOT ET RUE TOULLIER, 13

1897

THÈSE
POUR LE DOCTORAT

FACULTÉ DE DROIT DE LILLE

MM. VALLAS, O. I. ✸, Doyen, Professeur de Droit civil et Législation et Economie industrielles (Doctorat politique).

FÉDER, O. I. ✸, Professeur de Droit civil.

GARÇON, O. I. ✸, Professeur de Droit criminel et d'Histoire du droit public français (Doctorat politique).

LACOUR, O. I. ✸, Professeur de Droit commercial et maritime.

BOURGUIN, O. I. ✸, Professeur de Droit administratif, chargé du cours de Principes du droit public et droit constitutionnel comparé (doctorat sc. polit.) et chargé du cours d'Economie politique (licence).

MOUCHET, O. I. ✸, Professeur de Droit romain.

JACQUEY, A. ✸, Professeur d'Histoire du droit (licence), Droit int. privé et Droit int. public. Législation et économie rurales (Doctorat sc. polit.).

WAHL, A. ✸, Professeur de Procédure civile, Voies d'exécution, Législation française des finances et Science financière (Doctorat sc. polit. et écon.).

JACQUELIN, Agrégé, chargé du cours de Droit administratif (licence), de Droit administratif approfondi (Doctorat sc. polit.) et Droit constitutionnel (1re année).

PELTIER, Agrégé, chargé du cours d'Histoire du droit (1re année) et d'Histoire du droit français (Doct. juridique).

COLLINET, Agrégé, chargé du cours de Droit romain et Pandectes (Suppléant de M. Drumel).

DUBOIS, Chargé du cours d'Economie politique et d'Histoire des Doctrines économiques (Doctorat politique).

MARGAT, Chargé du cours de Droit civil (1re année). (Suppléant de M. de Folleville).

VALLAS, Doyen, O. I. ✸.

SANSON, Secrétaire, A. ✸.

DRUMEL, ✸, O. I, ✸, sénateur des Ardennes.

DE FOLLEVILLE, O. I. ✸, député de la Seine-Inférieure.

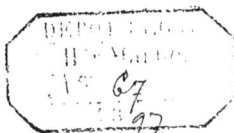

DE

LA JURIDICTION

DES

RÉFÉRÉS

THÈSE POUR LE DOCTORAT

L'ACTE PUBLIC SUR LES MATIÈRES CI-APRÈS

Sera soutenu le mercredi 17 février 1897, à deux heures

PAR

Édouard DEBLOCK

AVOCAT

A HAZEBROUCK (Nord)

Président : M. WAHL, *professeur.*

Suffragants : { MM. JACQUEY, *professeur.*
PELTIER, *agrégé.*

PARIS

LIBRAIRIE NOUVELLE DE DROIT ET DE JURISPRUDENCE

ARTHUR ROUSSEAU, ÉDITEUR

14, RUE SOUFFLOT ET RUE TOULLIER, 13

1897

A LA MÉMOIRE DE MON PÈRE

Le Docteur A. DEBLOCK

A MA MÈRE

Tendresse et reconnaissance

A MON FRÈRE Alfred DEBLOCK

JUGE SUPPLÉANT CHARGÉ DE L'INSTRUCTION AU TRIBUNAL CIVIL DE LILLE

Quis amicior quam frater fratri
SAL.

A TOUS CEUX QUE J'AIME et QUI M'AIMENT

BIBLIOGRAPHIE

Allard. — Etude sur la chose jugée.

Aubry et Rau.— Cours de Code civil.

Baudry-Lacantinerie. — Précis de droit civil.

Bazot. — Des référés, 1876.

De Belleyme. — Ordonnances sur requêtes et sur référés, Paris, 1855.

Bertin. — Ordonnances sur référés, Paris, 1866.

Bilhard. — Des référés.

Bioche. — Dictionnaire de procédure.

Boitard, Colmet d'Aage et Glasson. — Leçons de procédure civile.

Carré et Chauveau. — Lois de la procédure civile et commerciale.

Crépon. — Traité de l'appel en matière civile.

Darnaud. — Des référés, 1874.

Demiau-Crouzihac. — Eléments du droit et de la pratique.

Demolombe. — Cours de Code Napoléon.

Denisart. — Collection de décisions nouvelles et de notions relatives à la jurisprudence actuelle, 5e édition, 1866.

Dictionnaire de l'enregistrement.

Dutruc. — Supplément aux lois de la procédure de Carré et Chauveau.

Favard de Langlade. — Répertoire de la nouvelle législation civile, commerciale et administrative.

Gérard. — Des origines des référés et des principes de compétence en cas d'urgence, 1886.

Glasson. — Etude historique sur la clameur de haro, Paris, 1882.

Glasson. — Revue critique.

Griolet. — De l'autorité de la chose jugée.

Guyot. — Répertoire universel de jurisprudence, Paris, 1782 et 1785.

Huc. — Traité théorique et pratique du Code civil.

Larombière. — Théorie et pratique des obligations, 2ᵉ édit., 1885.

Laurent. — Principes de droit civil, 3ᵉ édit., 1878.

Lyon-Caen et Renault. — Droit commercial.

Marcadé. — Explication théorique et pratique du Code civil.

Moreau. — De la juridiction des référés, 1890.

Nouveau style du Châtelet de Paris et de toutes les juridictions du royaume. — Paris, 1746, in-4.

Pardessus. — Essai historique sur l'organisation judiciaire et l'administration de la justice depuis Hugues Capet jusqu'à Louis XII.

Pigeau. — Procédure civile.

Le praticien universel, Paris, 1747.

Rodière. — Cours de procédure civile ou explication méthodique et raisonnée de la compétence et de la procédure en matière civile.

Rousseau et Laisney. — Dictionnaire théorique et pratique de procédure civile, commerciale, etc...

De Sérigny. — Questions et traités de droit administratif.

Thiercelin. — Revue pratique.

Thomine-Desmazures. — Commentaires sur le Code de procédure civile.

Tissier. — Théorie de la tierce opposition.

Troplong. — Le droit civil expliqué.

Et les divers **recueils de jurisprudence** et **journaux de droit** : Dalloz, Sirey, Journal des avoués, Recueil de Rousseau et de Laisney, Gazette des tribunaux, Gazette du Palais, la Loi, le Droit, Journal de procédure de Bioche, Recueils des arrêts de Lyon, Bordeaux, etc., etc.

INTRODUCTION

La loi a tracé, pour l'instruction des procès civils, des formes de procédure dont depuis longtemps chacun accuse et avec raison la multiplicité et les lenteurs.

Bertin (p. 5) nous cite un exemple mémorable des ressources que fournit le Code de procédure à celui qui veut éterniser un procès et échapper à l'exécution des décisions judiciaires. Un homme, qui connaissait à fond ce Code, possédait un domaine important que l'un de ses créanciers fit saisir. Grâce aux incidents de saisie immobilière et aux demandes en nullité, la procédure de saisie a duré 25 ans. Le débiteur, à bout de ressources, allait être dépossédé par une adjudication, lorsque la mort vint le frapper dans le cabinet du Président auquel il venait demander un nouvel ajournement.

La solution définitive peut se faire attendre au grand détriment des parties ; des pertes irréparables peuvent se produire ; il y a donc urgence à pourvoir par des mesures provisoires à la conservation des droits des parties ; et il était naturel de placer près de la juridiction civile une institution qui n'en serait qu'une délégation et qui aurait pour organe le Président même du

Tribunal civil : c'est ce qui constitue la juridiction des référés.

Le référé est donc la voie d'instruction la plus simple, la plus expéditive, la plus sommaire qui existe ; il constitue dans les matières ayant une nature civile, un mode de procédure pour les cas où l'urgence acquiert un degré élevé de gravité ; d'un caractère essentiellement provisoire, il ne peut porter aucun préjudice au principal.

Il répond à un double but qui est de déjouer les combinaisons frauduleuses et de donner satisfaction aux besoins légitimes : il constitue ainsi une juridiction contentieuse.

Par ce dernier point, les ordonnances de référé se distinguent des ordonnances sur requête : tandis que celles-ci constituent simplement des autorisations données par le juge à des parties ayant présenté requête, les premières sont de véritables jugements ou plutôt elles ne diffèrent des jugements qu'en ce qu'elles émanent d'un seul des juges qui composent le Tribunal de 1re instance et qu'elles ont un caractère provisoire.

La matière des référés, si intéressante pour la pratique des affaires, n'a été réglée par le Code de procédure que d'une manière tout à fait incidente. On s'est souvent plaint de cette discrétion du législateur qui s'est contenté d'indiquer une procédure expéditive et pratique, sans même la définir et surtout sans en déterminer les conditions et les lois.

Aussi les décisions de la jurisprudence sont-elles fort nombreuses, variées et même contradictoires.

De Belleyme a fait un recueil de décisions judiciaires et de formules utiles pour les praticiens et pour tous ceux qui se trouvent aux prises avec les difficultés que les référés ont soulevées.

Les jurisconsultes ne consacrent que quelques pages à cette matière que Chauveau a particulièrement étudiée ; mais « les principes généraux de la matière font défaut ; on n'y trouve pas le lien qui rattache les diverses solutions qu'il donne à un centre commun » (Bertin, p. 3).

Notre étude aura pour but de déterminer juridiquement d'après l'esprit de la loi, d'après l'exposé des motifs qui en est le commentaire, d'après les diverses décisions de la jurisprudence, la compétence du juge des référés ; de préciser exactement la nature, l'étendue et les limites des attributions de ce dernier ; de rechercher ensuite les cas de référés qui peuvent se présenter.

De là une division toute naturelle :

1re Partie. — Historique des référés.

2° Partie. — Procédure des référés.

3° Partie. — Principes de compétence en matière de référés.

4° Partie. — Cas de référés.

PREMIÈRE PARTIE

HISTORIQUE DES RÉFÉRÉS

———

« Il est des circonstances dans lesquelles le délai d'un seul jour et même le délai de quelques heures peut être la source des plus grandes injustices et causer des pertes irréparables » (Réal, *Exposé des motifs* du titre des Référés).

De là la nécessité d'une décision rapide qui a reçu la qualification d'ordonnance de référé et qui est régie par le titre XVI, livre V du Code de procédure civile.

Mais quels ont été les modes de procéder antérieurs dans les cas pressants ? C'est ce qu'il nous faut tout d'abord examiner. Aussi pour mieux les juger passerons-nous successivement en revue l'origine des référés dans l'ancien droit, les tentatives du droit intermédiaire, la rédaction du titre des référés, et le rapport si souvent invoqué du tribun Réal.

TITRE PREMIER

DROIT ANCIEN.

A Rome, « dans certains cas, dit Gaius (IV, § 139), le préteur ou le proconsul met en avant son autorité d'une manière principale en vue de terminer les procès, et cela surtout lorsque deux personnes se disputent la possession ou la quasi-possession. En résumé, il ordonne ou défend de faire quelque chose. Les formules et paroles solennelles dont il se sert pour cela s'appellent interdits ou décrets ». Les interdits étaient donc des formules par lesquelles le préteur donnait en vertu de son *imperium* un ordre ou une défense destiné à servir de base à un litige qui n'avait pas été prévu par le droit civil. Le référé pourrait donc être considéré comme s'étant inspiré de cette manière de procéder ; et les étymologies du mot *interdit* qui nous ont été fournies par les anciens nous confirment ce point. Justinien en effet (§ 1 *in fine De int.*) fait dériver ce mot de *inter duos dictum*, parce que tout interdit met en jeu deux parties ; et Isidore de Séville (*Orig.*, V, 25, 33) de *interim dictum*, attendu que l'interdit n'aboutit qu'à une décision provisoire.

Néanmoins ce n'est pas à Rome, croyons-nous, qu'il

faut rechercher l'origine de la procédure des référés ;
et, si quelque analogie peut exister entre l'interdit à
Rome et le référé de nos jours, M. Pigeau, dans son ouvrage *Sur la procédure civile du Châtelet*, nous semble
se hasarder lorsque, disant qu' « à Rome, il fut un temps
où celui qui voulait réclamer le secours de la justice
menait la partie devant le juge en le saisissant *torto
collo* », il trouve dans cette façon de procéder l'origine
du référé.

Réal, dans son *Exposé des motifs du titre des référés*,
a été mieux inspiré lorsqu'il s'est borné à donner l'indication suivante : « L'existence de l'édit de 1685 nous
permet de supposer qu'il n'a fait que confirmer ou régulariser un usage introduit bien antérieurement. »

Le référé, tel que nous le connaissons de nos jours,
n'est en effet que la conséquence de pratiques anciennes
et générales dont nous trouvons l'origine en Normandie, avec la clameur de haro, puis dans tout le royaume
de France avec « le rapport que fait un officier subal-
terne au magistrat des difficultés et obstacles qu'il rencontre soit dans l'exécution des jugements qu'il est
chargé de procurer aux parties, soit dans les autres
fonctions de son ministère (Denisart, t. 3, Vº *Référé*) ».

Pigeau donne les explications suivantes sur la clameur de haro : « Celui qui prétend avoir à se plaindre
d'une personne qu'il rencontre, ou de quelque officier
qui dans le cours de ses fonctions ne veut pas déférer à
son réquisitoire, l'oblige, par l'autorité de cette cla-

meur sur les habitants de Normandie, de comparaître devant le juge du lieu pour être statué, au moins provisoirement, sur la cause qui fait l'objet du haro.

« Cet usage est particulier à la Normandie et dans tous les cas pressants seulement.

« Le haro (suivant qu'il résulte de la définition qu'en donnent plusieurs commentateurs de la coutume de Normandie) est une voie de droit par laquelle une personne privée, qui croit devoir se plaindre promptement d'une personne soit privée, soit publique, la cite elle-même à comparaître devant le juge du lieu, ou le plus prochain, s'il n'y en a pas dans le lieu, pour obtenir de ce juge une décision provisoire qui pare aux inconvénients qu'il y aurait à attendre le cours ordinaire de la justice : cette citation se fait en criant haro sur la personne dont on se plaint.

« Cette clameur a pris tant d'empire dans l'esprit des Normands que celui sur lequel elle est interjetée, se rend, sur le champ, avec la partie plaignante, devant le juge, et, s'il s'enfuit (dit Godefroi, commentateur de la coutume de Normandie), il peut être poursuivi et représenté devant le juge ou constitué prisonnier jusqu'à ce qu'il ait rendu raison de son fait. »

Cette idée générale de la clameur de haro donnée, nous ne pouvons mieux faire pour la connaître plus à fond que de rapporter les articles 54 et 59 de la coutume de Normandie qui s'en occupent.

ART. 54. — Le haro peut être interjeté non seulement pour les maléfices du corps, et pour choses où il y aurait éminent péril, mais pour toutes introductions de procès possessoires, encore que ce soit la matière bénéficiale, ou concernant le fait de l'Eglise.

ART. 55. — Clameur de Haro se peut intenter tant pour meubles que pour héritages.

ART. 56. — Les parties sont tenues de bailler respectivement plège et caution, l'une de poursuivre, l'autre de défendre le haro.

ART. 57. — Après la caution baillée, la chose contentieuse est séquestrée par la nature du haro, jusqu'à ce que par justice ait été ordonné sur la provision.

ART. 58. — Le sergent, après la clameur interjetée, doit mettre le séquestre en mains autres que les deux parties.

ART. 59. — Le juge ne peut vuider la clameur de haro sans amende.

Ce qui résulte nettement de la lecture de ces articles, c'est l'analogie entre la clameur de haro et le référé dans ses caractères essentiels. En effet, comme le référé, elle suppose un péril éminent, et met la chose litigieuse sous séquestre jusqu'à ce qu'il ait été par justice statué sur la provision.

Cette clameur ne fut pas abrogée par l'ordonnance de 1667 et s'est maintenue dans tout l'ancien droit. Elle fut abrogée par l'article 594 de la loi du 3 brumaire an V et par l'article 1041 du Code de procédure (1).

Si la clameur de haro nous présente quelques analogies avec le référé, c'est dans l'édit de 1685 qu'on doit en chercher les véritables fondements.

Cet édit de janvier 1685 décide qu'un magistrat du Châtelet de Paris, le lieutenant civil, dans les circonstances urgentes pouvait autoriser une partie à en assigner une autre en son hôtel.

De plus, cet édit (art. 6 et 9) énumère les différents cas d'urgence :

1° « Lorsqu'il s'agira de la liberté de personnes qualifiées ou constituées en charge ; de celle des marchands et négociants emprisonnés à la veille de plusieurs fêtes consécutives, ou des jours auxquels on n'entre pas au Châtelet » (la plus grande partie de la semaine sainte, celle de Pâques, les vacances et autres jours où le tribunal vaque ; Pigeau, I, p. 111, note a).

Cette partie de l'article vise l'exécution des jugements.

2° « Lorsqu'on demandera la mainlevée de marchandises prêtes à être envoyées, et dont les voituriers sont chargés et qui peuvent dépérir. »

L'urgence est manifeste.

3° « Du paiement que des hôteliers ou des ouvriers demandent à des étrangers pour des nourritures et fournitures d'habits, ou autres choses nécessaires. »

(1) V. Glasson, *Etude historique sur la clameur de haro.*

Le lieutenant civil, contrairement aux principes de compétence actuelle, ainsi que nous le verrons, pouvait donc prononcer une condamnation pécuniaire, mais seulement dans le cas où des étrangers, c'est-à-dire non seulement ceux qui ne sont pas Français, mais encore les Français non domiciliés à Paris qui, y ayant séjourné, y ont fait des dettes d'entretien, vivres et logement (Pigeau, I, p. 111, note c).

4° « Lorsqu'on réclamera des dépôts, gages, papiers ou autres effets divertis. »

La personne qui prétend avoir sur les objets divertis soit un droit de propriété, soit un privilège peut pratiquer une saisie-revendication en vertu d'une requête du juge et si des obstacles se présentent, on va en référé.

Le lieutenant civil statue alors soit sur les obstacles matériels (refus d'ouverture des portes), soit sur les discussions relatives aux droits des tiers, mais en aucun cas il ne doit se faire juge de la question de propriété qui est réservée (Pigeau, I, p. 116 et suiv.).

5° « Lorsque dans les appositions ou levées de scellés et dans les confections d'inventaires, les parties formeront des contestations, les commissaires, notaires et procureurs qui y assisteront, pourront, si les parties le requièrent, se transporter en la maison du lieutenant civil pour y être pourvu ainsi qu'il avisera bon-être, sans aucuns frais ni vacations pour lui, quand même il se transporterait dans les lieux où les scellés sont apposés, et où l'on travaille aux inventaires, et sans que lesdits officiers en puissent prétendre pour eux, lorsque le dit lieutenant civil n'estimera pas nécessaire de rendre aucune ordonnance sur les rapports qu'ils lui auront faits. Et sera tenu notre Procureur audit siège de comparoir auxdits scellés ès-cas où il sera nécessaire, par l'un de ses substituts. »

Cette hypothèse ne comporte pas d'explication. Elle exprime d'une façon très nette que le lieutenant civil en cas de difficultés pour appositions ou levées de scellés (1) ou pour confections d'inventaires statuait en référé et renvoyait les parties se pourvoir au principal.

Tels étaient les seuls cas prévus par l'édit.

Mais en dehors de ces cas, le lieutenant civil statuait sur ce qui était relatif aux saisies et à l'exécution des jugements, conformément à une pratique fixée antérieurement (2) et sur quelques autres difficultés qui s'étaient sans doute présentées en jurisprudence, par exemple en matière de congés : « On n'a pas besoin, dit Pigeau, t. II, p. 66, de prendre sentence sur le congé ; mais si à l'échéance du terme le locataire refuse de sortir, le propriétaire le fait assigner sur le champ en l'hôtel du juge qui ordonne l'exécution provisoire du congé. »

Du reste, comme le déclare très bien Pigeau (V° *Scel-*

---

(1) V. Nouveau style du Châtelet.
(2) V. Guyot ; Nouveau style du Châtelet, V° *Référé* ; Praticien universel, p. 311.

lés) « il était impossible de détailler tous les cas qui nécessitent l'usage du référé, parce qu'ils dépendent des circonstances qui varient à l'infini » et il ajoute que « plusieurs lois et la jurisprudence ont voulu que dans les cas pressants, on pût, sans observer les délais ordinaires, obtenir du juge une décision de précaution ».

Quant à la procédure, elle pouvait être engagée soit sur procès-verbaux, comme nous dirions de nos jours, en matière de scellés et d'inventaires, soit sur assignations dans les autres cas. « Si, dit l'article 6 de l'édit de 1685, le lieutenant civil le juge à propos pour le bien de la justice, il pourra ordonner que les parties comparaîtront le jour même, en son hôtel, pour y être entendues et être par lui ordonné par provision ce qu'il estimera juste, sans autres vacations ni frais à son égard. » L'assignation était donc en principe délivrée en vertu d'une permission du lieutenant civil, mais elle pouvait l'être aussi *de plano* sans permission, sauf au juge à décider si le cas était tel qu'on ne pouvait attendre (1).

Le lieutenant civil avait en réalité à statuer sur presque tous les cas d'urgence, mais ne pouvait abuser de son pouvoir.

Denisart (2) en effet nous apprend que par arrêt du 2 septembre 1744, rendu entre les Bouchers et les Cier-

---

(1) V. Pigeau, I, p. 116 et suiv.
(2) V. Denisart, t. III, Vo *Référé*.

gers de Tours, la Cour faisant droit sur les conclusions de M. le Procureur général a « enjoint à Etienne Petiteau (lieutenant particulier de Tours) d'observer les Ordonnances, Arrêts et Règlements de la Cour ; en conséquence, lui enjoint, lorsque les parties se transporteront en sa maison, sur une contestation de nature à être portée à l'audience, de les y renvoyer, sauf, si le différend ne peut être jugé sur le champ à l'audience, à ordonner que les pièces seront mises sur le bureau, sans inventaire de production, écritures ni mémoires pour en être délibéré ; et le jugement prononcé au premier jour de l'audience sans épices, ni vacations sous les peines portées par les Ordonnances ».

De cet exposé de l'ancien droit, nous pouvons conclure que ce n'est pas seulement dans le texte de l'édit de 1685 qu'il faut chercher l'origine des référés, mais dans la jurisprudence et la doctrine qui se créaient peu à peu et dans les règles de la clameur de haro.

TITRE II

DROIT INTERMÉDIAIRE.

La seule loi qui intervint dans le droit intermédiaire relativement aux référés fut celle du 11 février 1791, ainsi conçue en ce qui nous intéresse :

Art. 1ᵉʳ : « Les scellés apposés par les commissaires au ci-devant Châtelet de Paris, avant l'institution des tribunaux, seront reconnus et levés par les juges de paix, lesquels lèveront également ceux qui ont été apposés par ordonnance de justice sur les titres, papiers et effets des accusés, à la charge d'appeler au procès-verbal de perquisition deux adjoints notables et sans qu'il soit besoin de la présence d'aucun juge.

« Il sera néanmoins libre à la partie intéressée d'appeler à la reconnaissance des scellés les ci-devant commissaires qui les auront apposés et dans ce cas les commissaires seront payés par les parties requérantes. »

Art. 2 : « Tous référés relatifs soit à l'apposition des scellés, soit aux incidents qui peuvent naître sur l'exécution des jugements seront portés devant l'un des juges du tribunal dans le territoire duquel le scellé sera apposé ou le jugement exécuté ; à la fin de chaque mois les procès-verbaux et ordonnances de référé seront déposés au greffe du tribunal ; lesquels juges seront chargés à tour de rôle de ce travail... »

En dehors de cette loi, il faut mentionner un projet de loi qui fut soumis au Conseil des Cinq-Cents, mais sur lequel il ne fut pas statué.

Il est ainsi conçu :

5° message :

« Extrait des registres des délibérations du Directoire exécutif.

« Du 26 brumaire de l'an V de la République Française, une et indivisible.

« Le Directoire exécutif formé au nombre des membres requis par l'article 142 de la Constitution arrête qu'il sera fait au Conseil des Cinq-Cents un message dont la teneur suit :

« Le Directoire exécutif au Conseil de Cinq-Cents :

« Citoyens représentants,

« Le Directoire exécutif appelle en ce moment votre attention sur un des points les plus importants de l'ordre judiciaire, sur la jurisprudence des référés.

« Les référés ne sont connus que pour les cas d'urgence et les nécessités absolues. Leur but est de lever à l'instant ou provisoirement tout obstacle à l'exécution des jugements, toute entrave apportée à des opérations qui ne permettent aucun retard, telles que scellés, inventaires, expertises, revendications de meubles ou marchandises, expulsions de locataires, etc.

« En matière d'exécution, l'ordonnance d'exequatur

est plutôt le cri « force à la loi » qu'un jugement véritable. Un seul juge pris à tour de rôle réglait sur le champ les mesures provisoires de ces sortes d'affaires ; mais l'ordonnance de référé renvoyait toujours le principal à l'audience et le tribunal ou déclarait alors l'ordonnance définitive ou la réformait.

« D'anciennes et de nouvelles lois, plutôt particulières cependant pour Paris que générales, et notamment la loi du 11 février 1791 avaient consacré cette forme salutaire des référés ; les tribunaux civils en ont jusqu'ici conservé l'usage qu'ils croient encore d'accord avec la législation actuelle.

« Mais la Cour de cassation ayant pensé qu'aux termes de l'acte constitutionnel, il fallait le concours de cinq juges pour toute espèce de jugements, vous sentirez, citoyens représentants, combien il est instant de fixer toute incertitude à cet égard et de déclarer la législation sur un point diversement interprété entre les autorités judiciaires (1).

« L'article 220 de la Constitution porte en effet : « Le tribunal civil se divise en sections. Une section ne peut juger au-dessous du nombre de cinq juges. » Mais antérieurement à la Constitution l'article 7 du titre IV de la loi du 24 août 1790 statuait également que les juges ne pourraient prononcer en dernier ressort qu'au nombre de quatre juges et en première instance au nombre

(1) V. Arrêt 22 brumaire an VII. S. I, I, 127.

de trois ; et cependant dans ce nouvel ordre judiciaire,
les référés n'en furent pas moins maintenus par la loi
du 11 février 1791.

« Vous aurez donc à peser, citoyens représentants :

« 1° Si l'article 220 de la Constitution (de l'an III)
doit s'étendre au delà de sa disposition textuelle et em-
brasser d'autres jugements que ceux à rendre par les
sections des tribunaux, telles que les simples ordonnances ;

« 2° Si, dans le cas de la négative, la nécessité des
référés (nécessité dont les pièces que le Directoire exécutif croit devoir joindre à ce message vous donneront
la conviction) ne doit pas les faire maintenir et vous
déterminer à les confirmer à nouveau par une mesure
générale pour toute la République.

« Au reste, citoyens représentants, quelle que puisse
être l'issue de vos délibérations, sur ce point la plus
prompte détermination sera le premier bienfait que vous
puissiez rendre à la justice en cette circonstance et le
Directoire exécutif, en vous recommandant un objet
aussi digne d'être pris en considération par le corps législatif, vous invite à le soumettre à la discussion la
plus prochaine.

Le Président du Directoire exécutif,

Signé : BARRAS. »

TITRE III

DROIT MODERNE.

Le Code de procédure civile, décrété et promulgué du 14 avril 1806 au 9 mai 1806 pour être exécutoire le 1er janvier 1807, substitua dans les articles 806 à 811 (1) consacrés aux référés aux cas d'urgence déterminés par les articles 6, 7 et 9 de l'édit de 1685, des dispositions générales qui donnent pouvoir au juge des référés de statuer dans tous les cas d'urgence, ou lorsqu'il s'agit de difficultés relatives à l'exécution des titres exécutoires ou des jugements.

Locré nous fait savoir que les dispositions relatives au titre des référés ne donnèrent lieu à aucune discus-

---

(1) Ce sont la copie à peu près textuelle des articles 820 à 826 du projet du Code de procédure civile. Cependant les articles 807 et 808 ne sont pas absolument rédigés de la même façon que les articles 821 et 822 du projet. Ceux-ci étaient ainsi conçus :

« Art. 821. — A Paris et dans les villes dont la population excède 50,000 âmes, la demande sera portée à une audience tenue à cet effet par le Président du Tribunal de première instance ou celui qui le remplace, aux jours et heures indiqués par le Tribunal ; et s'il y a péril dans le retard, le référé pourra être porté chez le Président, même les jours de fête.

« Art. 822. — Dans les autres communes, la demande sera portée aux audiences ordinaires au jour indiqué pour être jugé en état de référé. Si néanmoins le cas requiert célérité, le Président ou le plus ancien juge pourra permettre d'assigner soit à l'audience soit à sa maison, à l'heure indiquée, même les jours de fête. »

sion au Conseil d'État. Aussi ne pouvons-nous pas ne
pas reproduire dans son entier un document qui jette
une vive lumière sur les articles 806 et suivants du Code
de procédure, qui est le commentaire le plus utile à
consulter sur l'interprétation de la loi du référé : l'*Exposé des motifs du titre des référés* par Réal, conseiller
d'État, ancien procureur au Châtelet.

L'*Exposé des motifs* du tribun Réal est ainsi conçu
(Corps législatif, séance du 11 avril 1806) :

« Notre projet du Code, comme toutes les lois qui ont
traité de la procédure, fixe les délais avant l'expiration
desquels aucun jugement ne peut être prononcé.

« On a reconnu que les mêmes délais ne pouvaient
convenir à tous les cas, et ils ont été, pour certaines
circonstances, plus rapprochés selon que ces circonstances requièrent plus ou moins de célérité.

« Mais il n'est pas un homme ayant l'expérience des
affaires qui n'ait eu occasion de reconnaître très souvent qu'il est des circonstances dans lesquelles le délai
d'un seul jour et même le délai de quelques heures,
peut être la source des plus grandes injustices et causer des pertes irrévocables.

« C'est dans les grandes villes, c'est surtout dans
cette capitale et au milieu de son immense population,
que cette vérité est à chaque instant reconnue.

« Aussi dès 1685 un édit, donné pour l'administration de la justice du Châtelet de Paris, ordonne que, dans
plusieurs cas dont il fait une longue énumération, le

lieutenant civil pourra ordonner que les parties comparaîtront le jour même dans son hôtel pour y être entendues, et être par lui ordonné par provision, *ce qu'il estimera juste*.

« L'existence de cet édit nous permet de supposer qu'il n'a fait que confirmer ou régulariser un usage introduit bien antérieurement, usage que n ous trouvons encore dans cette assignation verbale, dans cette *clameur de haro* à laquelle les anciens habitants de l'ancienne Normandie obéissaient avec une si respectueuse soumission.

« Ce qui pouvait en 1685 n'être qu'utile doit être, sans contredit, reconnu indispensable en 1806. Il ne s'agit plus que de coordonner cette institution au système général et d'empêcher qu'on ne puisse en abuser.

« D'après l'article 806, on ne doit prendre la voie du référé que dans les cas d'urgence ou lorsqu'il s'agit de statuer provisoirement sur les difficultés relatives à l'exécution d'un titre exécutoire ou d'un jugement.

« Les lignes tracées par la seconde partie de cette disposition sont assez fortement prononcées pour qu'on ne puisse les franchir sans une évidente mauvaise foi. Quelques personnes ont pu craindre qu'il ne fût facile d'abuser du *cas d'urgence* dont parle la première partie et de faire porter sous cette dénomination, à l'hôtel du président ou à l'audience des référés, dont parle l'article 807, des contestations qui devraient être portées à l'audience ordinaire du tribunal.

« Nous croyons que cette inquiétude n'est pas fondée
et que, sans rappeler la longue nomenclature des cas
prévus par l'édit de 1685, la loi s'explique assez clairement en n'attribuant à l'audience du référé que les cas
d'*urgence* ; le discernement, la probité du président ou
du juge délégué feront le reste ; renvoyant à l'audience
les contestations qui ne seraient portées à l'hôtel que
par une indiscrète et avide précipitation, il n'hésitera
pas à prononcer sur celles auxquelles le moindre retard,
ne fût-il que de quelques heures, peut porter un préjudice irréparable.

« L'article 807, qui ordonne l'exécution provisoire
de ces ordonnances et qui les soustrait à l'opposition,
empêche en même temps les abus qui pourraient en
résulter, en prononçant que ces ordonnances ne font
aucun préjudice au principal ; que par conséquent elles
sont essentiellement provisoires et qu'elles ne pourront être définitives que par un jugement d'audience.

« En sanctionnant ces principes, vous ferez sans
doute avec nous le vœu que l'audience soit cependant
rarement saisie de la contestation sur laquelle le juge
aura prononcé en son hôtel ; vous désirez, pour le
bonheur des justiciables, que les jugements sur référé
soient dans les départements ce qu'ils sont aujour-
d'hui dans la capitale, *c'est-à-dire l'extinction totale et
définitive d'une immense quantité de contestations* qui,
aux yeux de la loi, ne sont jugées que provisoirement.

« Puissent les présidents des tribunaux se pénétrer

de tout le bien qu'ils pourront opérer en faisant ainsi de leur hôtel, par des jugements équitables, un temple de conciliation ! Puissent-ils imiter, faire revivre en leurs personnes, et en exerçant ces augustes et paternelles fonctions, ces magistrats célèbres les Dargonges, les Dufour, les Angran d'Alleroy qui, chaque soir, environnés de jeunes légistes, dont ils fécondaient les talents, dont ils éclairaient le zèle, *anéantissaient par des jugements provisoires, rendus à leur hôtel, plus de procès qu'ils n'en avaient terminé par des jugements définitifs, rendus le même jour, à l'audience du matin.* »

Le rapport fait au Corps législatif par M. Grenier (séance du 21 avril 1806) n'ajoute rien à cet exposé des motifs ; il se borne à dire que « les préservatifs contre les abus possibles seront d'abord dans le cœur des présidents, ensuite dans leur intérêt à se maintenir en harmonie avec leurs collègues, et enfin dans les sages réflexions qui leur ont été adressées à ce sujet dans l'exposé des motifs par l'orateur du Gouvernement ».

Avec une semblable appréciation des droits et des devoirs des présidents des tribunaux de première instance, il était de toute évidence que la juridiction des référés devait prendre une très grande extension. Mais il n'en fut pas ainsi dès le début.

La pratique des référés n'existait presque pas tout d'abord ; c'était là une chose exceptionnelle.

Ainsi, dans ses *Éléments du Droit et de la Prati-*

que (1), M. Demiau-Crouzihac, ancien avocat au ci-
devant Parlement de Toulouse, dit : « Il y a beaucoup
de tribunaux où l'on donne une place trop importante à
la forme ; on y voit l'appareil des avoués ; on y plaide
avec méthode, avec solennité parce qu'on persuade
aux parties qu'une défense très soignée est absolument
nécessaire et on leur fait dépenser des frais immenses
en pure perte ; il faut réprimer ces abus ; l'objet du législateur a été de faire terminer sommairement et presque sans frais, comme le prouve le tarif, une foule d'ac-
cidents que la chicane avait inventés pour entraver la
marche de la justice ou grossir les procès ; il suffit de
l'analyse la plus simple des faits pour mettre le juge à
même de prononcer.

« A quoi sert cet étalage d'érudition, d'éloquence,
ces élucubrations dont on assomme le juge, tandis
qu'il ne doit rendre qu'une décision purement provisoire à laquelle les difficultés de droit sont le plus souvent étrangères ?

« Il faut se faire une idée juste de cette institution,
assimilée en quelque sorte aux justices de paix ; son
objet est de faire cesser des dissensions accidentelles
et d'ordonner ce que l'on peut faire provisoirement,
sans en venir aux mains et jusqu'à ce que le Tribunal
statue. La considérer sous un rapport plus étendu,
c'est la dénaturer. C'est créer une juridiction intermé-

(1) V. Demiau-Crouzihac, p. 486 et suiv.

diaire qui nuirait à l'organisation judiciaire ; il faut
donc s'en tenir aux termes de la loi et procéder aussi
sommairement que possible ; tel est le vœu du législateur. »

Carré (1) dans son ouvrage de procédure conclut de
même « que l'article 806 n'a pas laissé un pouvoir discrétionnaire au magistrat qui statue en référé, et que
les expressions « dans tous les cas d'urgence » se réfèrent aux cas qui sont prévus par les anciens et les
nouveaux règlements ou qui sont dans la même catégorie ; en un mot à des cas qui supposent des obstacles
dans l'exécution ou un préjudice tellement irréparable,
si la mesure de conservation n'est pas appliquée sur le
champ, que l'on pourrait dire, suivant les expressions
de M. le tribun Réal, « que l'on serait sans justice si la
justice n'était pas rendue à l'instant même où la difficulté se présentait ».

Nous pourrions multiplier ces citations, et nous
constaterions que de presque toutes se dégage cette idée,
que pour les cas d'urgence il faut se référer aux cas
prévus par les anciens et nouveaux règlements ou qui
sont dans la même catégorie.

C'est M. de Belleyme, Président du Tribunal civil de
la Seine, qui le premier a établi le référé tel que le
comprenait le législateur de 1806 ; c'est lui qui le premier a réalisé les vœux que M. Réal formulait, en

(1) V. Carré, § DXXVI.

donnant à la juridiction des référés une extension considérable.

Les Présidents des divers Tribunaux de première instance de la France qui se sont succédé ont continué l'œuvre de M. de Belleyme, œuvre que lui-même a résumée comme suit : « La justice rendue par un seul magistrat offre des garanties et des avantages que l'on appréciera mieux chaque jour et d'ailleurs les Cours royales exercent leur activité régulatrice et souveraine sur l'ordonnance du président comme sur le règlement des trois juges. Les hommes de pratique regardent comme un avantage dont chacun profite à son tour la faculté de terminer ou d'instruire une affaire par un référé qui prévient bien des procès (1). »

Ce sont encore aujourd'hui les décisions rendues par M. de Belleyme, en sa qualité de Président du Tribunal de la Seine, et rassemblées par lui d'ailleurs avec les arrêts confirmatifs et celles des autres Présidents dans son célèbre *Traité des ordonnances sur requêtes et sur référés* qui constituent le véritable Code des référés.

La jurisprudence certes a modifié nombre des ordonnances rendues par M. de Belleyme ou consignées par lui et on en a conclu que la législation qui régit les référés était défectueuse et incomplète. Cette théorie, qui date de loin, a eu de nombreux partisans, mais ce n'est que de nos jours qu'elle a reçu un commencement

---

(1) V. de Belleyme, I, p. 7.

d'exécution. Un projet de loi a en effet été présenté au nom de M. Carnot, Président de la République française par M. Antonin Dubost, garde des sceaux, ministre de la justice, portant modification des articles 806 et suivants du Code de procédure civile (1).

Nous examinerons ce dernier projet de loi après avoir déterminé quelle est à l'heure actuelle la compétence du juge des référés et avoir précisé quelles sont exactement la nature, l'étendue et les limites de ses attributions.

(1) V. *Journal officiel de la République française* des 7, 9, 11 et 12 juin 1894.

DEUXIÈME PARTIE

PROCÉDURE

———

La pensée du législateur est manifestée avec précision par chacune des dispositions du référé : ce qu'il veut, c'est une solution et une exécution rapides ; ce qu'il faut, ce sont des formes de procédure les plus simples possible.

Comme il n'en est pas ainsi ordinairement dans toutes les affaires soumises aux tribunaux, il nous faut étudier spécialement les formes de procédure en ma tière de référés ainsi que les voies de recours .

TITRE PREMIER

PROCÉDURE DEVANT LE JUGE DES RÉFÉRÉS.

CHAPITRE PREMIER

DU JUGE COMPÉTENT.

La règle générale de compétence est déterminée par l'article 50 du Code de procédure civile. Aussi la compétence du juge des référés *ratione personæ* ou *ratione loci* est-elle soumise aux mêmes règles que la compétence du Tribunal par rapport au principal. Le juge du référé, pour être valablement saisi, doit appartenir à la juridiction appelée à connaître du fond du procès. Par exemple il a été jugé que, dans le cas où le notaire et le défendeur à la demande en délivrance d'une seconde grosse sont domiciliés dans des arrondissements différents, le référé doit être porté devant le Président du Tribunal du domicile du défendeur et non devant celui du notaire (1). Par exemple encore, une demande à fin d'expertise qui se rattache à une action person-

(1) Pau, 31 août 1837, D. *Rép.*, V° *Référé*, n° 21.

nelle et mobilière ne peut être portée que devant le juge des référés du Tribunal du défendeur; celui de la situation des lieux est incompétent pour en connaître (1).

Toutefois la règle ainsi posée est trop absolue ; la majorité des auteurs et un grand nombre d'arrêts admettent que lorsqu'il y a extrême urgence, il est permis de s'adresser au juge des référés du Tribunal du lieu où la difficulté s'est produite. Le référé supposant urgence, cette dernière solution doit être préférée, car obliger le demandeur à s'adresser au Président du Tribunal des défendeurs, ce serait lui imposer parfois des retards très préjudiciables (2).

Bazot a donné des raisons péremptoires à l'appui de cette thèse : « S'il s'agit, dit-il, de dommages résultant de travaux, bien que l'action soit personnelle et ressortisse pour le fond au Tribunal du domicile du défendeur, le Président du Tribunal du lieu où l'accident s'est produit sera compétent pour prescrire les mesures préventives, les constatations par experts, la visite des

_____

(1) Amiens, 26 mai 1875, D. 76.2.68 ; Paris, 13 novembre 1894, D. 95.2.153 et *Gaz. Pal.*, 94.2.681.

(2) V. Bioche, Vᵒ *Référé*, nᵒˢ 236 et suiv. ; Rodière, t. 2, p. 389 ; Dutruc, Vᵒ *Référé*, nᵒ 28 ; Rousseau et Laisney, Vᵒ *Référé*, nᵒ 18 ; De Belleyme, p. 400 ; Bertin, nᵒˢ 240 et suiv. ; Bazot, p. 227 ; Paris, 13 juin 1868, D. 68.2.178 ; Req., 1ᵉʳ décembre 1886, D. 87.1.404 et 427, S. 87.1.128 ; Req., 12 février 1889, D. 92.1.382, S. 90.1.156 ; Paris, 12 janvier 1891, D. 92.2.510. Il en est ainsi notamment en matière d'expertise (Cass., 12 février 1889 précité et Nîmes, 12 août 1891 ; Rousseau et Laisney, 1892, p. 59) ou d'inexécution de jugement (Cass., 1ᵉʳ décembre 1886 précité).

lieux, etc... Quel autre que ce magistrat serait à même de procéder, non seulement en connaissance de cause, mais surtout avec la célérité que commandent les circonstances ? Où serait l'utilité du référé, s'il fallait aller s'adresser au juge du défendeur, qui peut être très éloigné ? Ne comprend-on pas que le temps nécessaire à toutes ces démarches peut entraîner un préjudice irréparable ? »

Quoi qu'il en soit, il est un cas qui ne paraît pas susceptible de controverse sérieuse : c'est lorsqu'il s'agit de l'exécution d'un jugement. L'article 554 du Code de procédure veut, en effet, que les difficultés élevées sur l'exécution des jugements ou actes requérant célérité soient portées provisoirement au Tribunal du lieu, et, dès lors, c'est bien manifestement aussi le Président du Tribunal de ce même lieu qui doit être compétent, lorsqu'on agit en référé au lieu de saisir le Tribunal lui-même (1). Par ce mot « Tribunal du lieu » dans l'article 554 en effet, il faut entendre non seulement le Tribunal de 1re instance, mais aussi le Président statuant comme juge de référé, et même le juge de paix (2). L'article 554 qui donne compétence au Tribunal du lieu à l'exclusion de celui du défendeur n'est applicable qu'aux difficultés relatives à l'exécution par voie parée des jugements et actes authentiques (3).

(1) Req., 1er déc. 1886, D. 87.1.404, S. 87.1.128.
(2) Conf. Carré, quest. 1915; Thomine, t. I, p. 54-55.
(3) D. *Rép.*, V° *Jugement*, n°s 555 et suiv. ; *Code de procédure*,

La compétence du Tribunal déterminée, quel est, parmi les membres du Tribunal, le magistrat qui devra statuer en référé? Aux termes de l'article 808 du Code de procédure, c'est devant le Président du Tribunal ou le juge qui le remplace que doit être portée la demande. Le Vice-Président peut signer à la place du Président sans que l'empêchement de celui-ci soit mentionné dans l'ordonnance; si le Vice-Président est aussi empêché, c'est un juge qui le remplace; le juge doit être le plus ancien, à moins d'empêchement de celui-ci; et l'ordonnance de référé doit mentionner cet empêchement à peine de nullité, laquelle serait d'ordre public d'après différents arrêts (1). Mais la jurisprudence s'est cependant montrée parfois moins rigoureuse au point de vue de la compétence exclusive du Président (2).

art. 554, nᵒˢ 21 et suiv.; Paris, 13 novembre 1894, D. 95.2.152, *Gaz. Pal.*, 94.2.681.

(1) Bourges, 7 avril 1832, Colmar, 11 nov. 1831, D. *Rép.*, Vᵒ *Référé*, nᵒ 19; Montpellier, 20 juil. 1844, D. 45.2.129; Nancy, 26 fév. 1876 sous Cass., 10 juil. 1876, S. 76.1.405, D. 76.1.313.

(2) Toulouse, 29 janv. 1845, D. 45.2.129; Caen, 17 juin 1854, S. 55.2.86, D. 55.2.190. Cependant lorsqu'un juge a été désigné d'avance pour tenir les audiences de référé, nous ne croyons pas qu'il soit dans l'obligation de constater à chaque jugement qu'il remplace le magistrat investi par la loi de ces fonctions (Carré, quest. 2764 *ter*). Pour les exceptions à la compétence du Président du Tribunal civil V. D. *Rép.*, Vᵒ *Référé*, nᵒ 22.

CHAPITRE II

DE LA CAPACITÉ DES PARTIES.

Le juge du référé n'a pas à s'arrêter aux exceptions basées sur l'incapacité relative de certaines parties demanderesses. Il est admis, et a toujours été admis par la doctrine et la jurisprudence que le défaut d'autorisation régulière n'empêchait pour les matières provisoires, ni une instance devant le Président, ni un appel devant la Cour. Les femmes mariées, les tuteurs, les mineurs émancipés ou non, les communes (1), les établissements publics, les bureaux de bienfaisance, les fabriques des églises (2), etc., peuvent agir en référé sans aucune autorisation ni assistance, et c'est de même que les tiers peuvent agir contre eux (3).

La formalité de l'autorisation préalable en effet serait inutile et plutôt nuisible, et cela pour deux raisons que

(1) Paris, 27 juil. 1868, D. 68.2.189 ; Cass., 18 avril 1872, D. 73.1. 137.

(2) Paris, 17 nov. 1868, D. *Rép.*, *Suppl.*, Vº *Référé*, nº 3 ; Chambéry, 4 mai 1870, S. 72.2.307.

(3) V. Bilhard, p. 198, 289, 295 ; Thomine-Desmazures, t. 2, p. 390 ; Chauveau, quest. 2754 *quater* ; de Belleyme, t. 1, p. 399 ; Bertin, nº 275 ; Bazot, p. 375 ; Bioche, nº 224 ; Darnaud, p. 89 ; Gérard, p. 133 et suiv.

nous étudierons en détail au chapitre réservé aux principes de compétence : d'abord les contestations de référé ne peuvent porter aucun préjudice au fond ; ils ne peuvent donc entraîner aucune extinction de droits au préjudice des incapables ; de plus, les contestations de référé sont toutes motivées par l'urgence, les lenteurs de la procédure en autorisation pouvant rendre inefficaces les mesures réclamées.

En partant de cette idée, on a décidé également que le Président ne saurait se déclarer incompétent à raison de la nationalité des parties (1) ni exiger d'un étranger la *cautio judicatum solvi* (2).

Cependant l'incapacité d'ester en justice pourra être opposée si elle a un caractère absolu : ainsi les aliénés devront avoir le concours de leurs représentants légaux pour agir en référé (3).

---

(1) Lyon, 1er avril 1854, D. 56.2.246.

(2) De Belleyme, t. I, p. 454 ; Bazot, p. 377 ; Bertin, II, 213 ; Bioche, n° 277.

(3) Paris, 30 juillet 1828, D. *Rép.*, V° *Référé*, n° 17 ; Rousseau et Laisney, V° *Référé*, n° 9.

CHAPITRE III

DE LA CITATION.

Un ajournement par acte judiciaire n'est pas nécessaire pour que le Président du Tribunal soit saisi d'une contestation de référé : la comparution volontaire des parties est suffisante, et ce par argument tiré de l'article 7 du Code de procédure civile (1).

A défaut de comparution volontaire, les parties peuvent être citées de 3 manières : 1° par assignation pour une audience ordinaire de référés ; 2° par assignation pour une audience extraordinaire en vertu d'une autorisation du Président ; 3° par ajournement sur procèsverbal.

L'assignation pour une audience ordinaire doit être faite dans la forme des exploits en matière civile. La constitution d'avoué n'est pas obligatoire (2). Quant au délai à impartir pour la comparution, une jurispru-

(1) D. *Rép.*, V° *Référé*, n° 37 ; Rousseau et Laisney, V° *Référé*, n° 194 ; Rennes, 2 mai 1868, D. 68.2.199.

(2) Constantine, 16 juillet 1879, D. *Rép.*, V° *Référé*, n° 46 ; Bazot, p. 378 ; De Belleyme, t. I, p. 409 ; Favard de Langlade, t. 4, p. 778 ; Boitard, t. 3, p. 397 ; Bilhard, p. 560, 607 et 629 ; Carré, quest. 2768 ; Toulouse, 4 juin 1824, *J. Av.*, t. 27, p. 122 ; Demiau-Crouzilhac, p. 489.

dence aujourd'hui constante décide qu'il n'y en a pas de rigueur, pourvu que les droits de la défense soient respectés (1). La loi n'a fixé aucun délai entre la citation en référé et la comparution à l'audience. On convient par suite qu'il appartient au juge d'apprécier selon les circonstances, s'il s'est écoulé un délai suffisant pour que la partie assignée ait pu préparer sa défense ; et que les citations peuvent valablement être données non seulement de jour à jour, mais même d'heure à heure (2).

A défaut d'audience spéciale indiquée pour les référés, l'assignation à comparaître ne peut être donnée sans une permission du Président du Tribunal. Celui-ci peut alors permettre d'assigner même les jours de fête, et doit commettre un huissier pour la signification de l'exploit. Ces formalités étant nettement déterminées par l'article 808 du Code de procédure civile, on doit en conclure que si l'une ou l'autre manque, l'assignation doit être déclarée nulle, ainsi que l'ordonnance rendue sur cette assignation (3) : cette nullité doit même être considérée comme d'ordre public, et en conséquence être prononcée d'office (4). De Belleyme cependant se prononce contre la nullité parce que la loi

_____

(1) Paris, 18 juin 1869, D. 70.2.64 ; Caen, 9 nov. 1874, D. 76.2.48.
(2) Paris, 8 mars 1870, D. 70.2.63.
(3) Cass., 6 nov. 1861, D. 61.1.489.
(4) Bonneville, 9 juin 1882, *J. Av.*, t. 107, p. 338 ; Dutruc, V° *Référé*, n°s 43, 45, 47 et 56.

ne le déclare pas et qu'il n'y a pas de nullités sans griefs (1).

Exceptionnellement, les parties peuvent être citées pour une audience particulière sans formalités préalables, lorsque le référé a lieu à l'occasion de la rédaction d'un procès-verbal de juge de paix, de notaire ou d'huissier.

« Considérant, dit un arrêt de la Cour de Paris du 19 août 1882 (2), que l'ordonnance de référé du 16 juin 1882 a été rendue non en vertu d'une assignation donnée par Perrelle à Thiriet, ainsi que l'appelant l'énonce à tort dans ses conclusions, mais sur le procès-verbal de Jozon, chargé par ledit Perrelle de procéder à la vente aux enchères du fonds de commerce dépendant de la société Ragot et Thiriet ;

« Qu'il résulte, en effet, dudit procès-verbal qu'à la suite du cahier des charges dressé par Jozon, il a été fait des dires mentionnant notamment la prétention de Thiriet de s'opposer à la vente, la réponse de Perrelle et la déclaration du notaire qu'il ne pouvait se rendre juge de l'incident ;

« Considérant que c'est dans ces circonstances, et après avoir entendu Jozon, notaire, et Langeron, avoué de Perrelle et de Ragot, et avoir donné défaut contre

---

(1) Il a été jugé que l'exception basée sur de semblables irrégularités de procédure a un caractère relatif et se couvre par la comparution des parties : Caen, 8 janvier 1867, *J. Av.*, 1867, p. 430.

(2) Rousseau et Laisney, 1882, p. 407.

Thiriet, que le juge des référés a rendu l'ordonnance dont est appel et qui a été portée sur le procès-verbal du notaire ;

« Considérant que cette ordonnance a été prononcée conformément aux dispositions de l'article 948 du Code de procédure, puisqu'il s'agissait d'une vente mobilière ;

« Considérant que la permission préalable du Président, exigée par l'article 808 du Code de procédure, n'est pas nécessaire lorsqu'il s'agit de difficultés élevées à l'occasion des procès-verbaux d'opérations des juges de paix, notaires, etc., et surtout lorsque, comme dans l'espèce, il y a urgence à ce que l'opération soit parachevée le jour même ;

« Considérant, dès lors, que l'ordonnance attaquée a été régulièrement rendue ;

« Considérant que le premier juge a fait une juste appréciation des prétentions contraires émises par les parties, confirme. »

Le référé peut enfin être introduit sans assignation par une simple réquisition qui doit être mentionnée sur les procès-verbaux des juges de paix, des notaires, des greffiers ou des huissiers instrumentants. Ces magistrats ou officiers publics ordonnent et déclarent sur le procès-verbal qu'ils se transporteront en référé devant le Président, et intiment aux parties de se rendre devant ce magistrat à jour et heure fixés : l'ajournement peut être donné soit pour l'audience des référés, soit à l'hôtel du Président. Mais il faut que le débat à discuter en référé soit relatif à un incident né de la confection du procès-verbal (1).

Quant aux cas qui peuvent donner lieu aux renvois sur procès-verbaux, plusieurs sont prévus par le Code de procédure, articles 786, 787, 852, 921, 922 et 944 ; mais cette énumération n'est pas limitative et le renvoi sur procès-verbal peut être admis toutes les fois que la mesure est compatible avec les intérêts des parties (2).

Quant aux effets de la citation en référé, la question n'a pas été tranchée formellement par la jurisprudence, et elle est vivement controversée par les auteurs, les uns prétendant que la citation ne peut constituer une cause d'interruption de prescription, les autres soutenant le contraire ; les uns admettant que la citation ne suspend pas l'exécution à laquelle elle a pour objet de s'opposer, les autres le niant.

En ce qui concerne l'effet de la citation au point de vue de la prescription, il faut distinguer suivant que la demande porte sur une mesure provisoire ou qu'elle porte sur le fond même du droit.

Il nous semble que lorsque l'assignation a pour but de faire prononcer des mesures provisoires, telles que, par exemple, une expertise, un constat de faits litigieux, elle ne peut être assimilée à la citation en justice dont parle l'article 2244 du Code civil, et que, par suite, elle

(1) Paris, 18 juin 1869, *J. Av.*, 1869, p. 438.
(2) Paris, 19 janvier 1880, *Gaz. Trib.*, 1880, p. 106, D. 95.2.337.

ne peut interrompre la prescription. En effet, si une citation en justice, même donnée devant un juge incompétent, produit un effet interruptif, c'est parce que, par cette citation, le propriétaire ou le créancier qui la forme, manifeste énergiquement son intention d'exercer et de faire reconnaître ses droits à l'encontre de celui qui prescrit (Pothier, *Prescriptions*, n° 48). Or la citation en référé a simplement pour but de faire prononcer des mesures provisoires qui laissent le fond de l'affaire absolument intact. C'est ce qu'a décidé la Cour de Paris, par arrêt du 12 mai 1877 (D. 80.1.17). La Cour de cassation (1), saisie d'un pourvoi contre cet arrêt, ne se prononça pas sur ce point, malgré les conclusions prises dans le sens de l'arrêt de la Cour de Paris par M. l'avocat général Desjardins, et ainsi conçues :

« Il s'agit de savoir si la citation en référé interrompt la prescription. Les référés ont pris une telle extension depuis plus d'un quart de siècle que les juges et justiciables ont un véritable intérêt à voir se dissiper, sur ce point, toute incertitude.

« Le Tribunal de la Seine avait cru pouvoir assimiler la citation en référé à la citation en justice dont parle l'article 2244 du Code civil. La Cour de Paris a répudié cette doctrine. « La citation en justice que le Code civil considère comme une interruption civile de la prescription, a-t-elle dit, ne peut être qu'une demande dans

(1) D. 80.1.17 et Rousseau et Laisney, 1880, p. 99.

laquelle le droit qu'on veut empêcher de prescrire, soit clairement affirmé et revendiqué. Tel n'est pas le caractère d'une assignation en référé ; elle ne tend, le plus souvent, qu'à des contestations de fait en vue de droits pouvant ultérieurement se dégager de ces constatations. » A ce point de vue, l'arrêt me semble irréprochable. En thèse, la citation en référé n'interrompt pas la prescription.

« La comtesse de Béarn fait observer qu'aux termes de l'article 2244 du Code civil une citation en justice interrompt la prescription ; que le mot « citation » y est pris dans son sens le plus général ; que, d'après votre jurisprudence (11 déc. 1826), une demande formée reconventionnellement dans une instance par conclusions signifiées à avoué, quoique différant de la citation proprement dite, interrompt la prescription. Pourquoi donc excepter la citation en référé ?

« La réponse est très simple : toute citation en justice n'interrompt pas la prescription. Paul a plusieurs créances contre Pierre ; s'il ne réclame que le payement d'une seule, il laisse courir, en ce qui touche les autres, la prescription libératoire. D'une façon plus générale, l'interruption ne s'étend pas d'une action à une autre ; si j'intente contre mon acquéreur une action en résolution d'un acte translatif de propriété, l'interruption de la prescription qui en résulte ne s'étend pas à l'action en délaissement contre le tiers détenteur. D'une façon plus générale encore, il suffit,

mais il faut que j'informe mon débiteur par une voie
légale de mon droit et du dessein arrêté par moi, de le
faire prévaloir en justice. Tel n'est pas, en thèse, l'objet de la citation en référé.

« La demanderesse rappelle alors que, d'après l'article 2245, la citation en conciliation devant le bureau
de paix interrompt la prescription du jour de sa date :
ne faut-il pas, dit-elle, tirer de ce texte un argument
à fortiori? La citation en référé doit avoir au moins la
valeur d'une citation en conciliation !

« Non, la citation en conciliation se relie à l'assignation en justice qui va la suivre, elle en est, dans
certains cas, la préface obligée : au contraire, la citation en référé peut faire prévoir l'assignation en justice ; elle ne l'implique pas. C'est pourquoi, d'après le
texte même de l'article 2245, la citation en conciliation
n'a pas d'effet interruptif si elle n'est pas suivie de cette
assignation donnée dans les délais de droit. Il faut d'a-
bord, ainsi que vous l'avez jugé le 16 janvier 1843
(S. 43.1.97), pour que la prescription soit interrompue,
qu'un procès-verbal de non-conciliation ou de non-
comparution soit signifié dans le mois, avec ajournement. Ensuite, ainsi que l'a jugé la Chambre des requêtes, le 17 janvier 1877 (S. 78.1.165), si l'affaire était
dispensée du préliminaire de conciliation, la citation
en conciliation serait elle-même un acte purement
frustratoire, ne pouvant produire un effet quelconque
ni par suite interrompre la prescription. Que si la ci-

tation en conciliation est le préliminaire obligatoire du procès, le législateur commettrait une inconséquence et une iniquité en ne lui attribuant pas l'effet interruptif. La citation en référé n'est, dans aucune circonstance, et à aucun point de vue, le préliminaire obligatoire du procès. Donc, pas d'analogie.

« Mais la citation en justice, donnée même devant un juge incompétent, interrompt la prescription (art. 2246, C. pr.) ; la citation en référé, dit le pourvoi, doit produire au moins le même effet !

« MM. Aubry et Rau (t. II, p. 348, § 215, note 9 *in fine*) commentent ainsi l'article 2246 du Code civil. — « Cette disposition, disent-ils, s'explique naturellement par cette idée qu'une assignation, quoique donnée devant un juge incompétent, est, au point de vue de l'interruption de la prescription, une manifestation suffisante de l'intention du propriétaire ou du créancier d'exercer ses droits. » Telle est, en effet, l'application logique de cette disposition législative. Mais peut-on dire que par l'assignation en référé, le propriétaire ou le créancier ont suffisamment manifesté la même intention ? Telle est sans doute la thèse du pourvoi. Quand le créancier, vous dit-on, demande au Président du Tribunal civil de nommer des experts, c'est pour arriver à faire constater sa créance : il ne doit pas être plus défavorablement traité que s'il avait voulu obtenir une sentence interlocutoire du Tribunal lui-même. N'avez-vous pas décidé, le 28 août 1877,

« Qu'aucune disposition de loi ne s'oppose à ce que les juges du fond prennent pour base de leur décision une opération ainsi prescrite, par le juge du référé (S. 78.1.344) » ? Donc, vous dit Mme de Béarn, le créancier sous une forme ou sous une autre, demande qu'on lui procure le moyen de faire prévaloir son droit.

« Cette argumentation ne se persuade pas. Quel est, en effet, le caractère essentiel de l'instance en référé ? Vous l'avez déterminé par votre arrêt du 6 février 1877 (S. 77.1.168) : « Le juge du référé, dit la Chambre civile, n'a qu'une juridiction restreinte aux simples mesures provisoires ; il ne peut, même en cas d'urgence, rien prescrire qui soit de nature à porter préjudice au principal. » La Cour d'Angers avait déjà, le 14 juillet 1869 (S. 69.2.319), déclaré « que la procédure de référé ne fait aucun préjudice au fond... ; qu'il n'y a pas procès et contestation sur le fond du droit. » MM. Dalloz, annotant cet arrêt, ont dit en termes excellents : « Le litige est possible, il n'est pas encore engagé. » C'est pourquoi les auteurs les plus accrédités, M. De Belleyme (t. I, p. 418) et M. Bertin (n° 179), enseignent expressément que le Président ne peut rendre un interlocutoire dont le résultat serait de préjudicier au fond du droit. Donc, en règle générale, le propriétaire ou le créancier ne revendique pas un droit qu'il ne peut pas encore faire prévaloir.

« Tel est le principe. Mais je me hâte de reconnaître que si, par erreur, le créancier demande au juge du référé le paiement de sa créance, je n'aperçois aucune raison de lui refuser le bénéfice de l'article 2246. Le juge du référé, dans cette hypothèse invraisemblable, est un de ces juges incompétents dont parle le Code civil. La prescription est interrompue si je revendique mon immeuble devant lui, tout comme si je l'avais revendiqué devant le Tribunal de commerce. Je conçois donc très bien que la demanderesse ait cherché à prouver qu'elle avait, effectivement, par sa citation, porté son procès devant le juge du référé. Mais que lit-on dans cette pièce de procédure ?

« Par ces motifs : — Au principal, se voir les parties renvoyer à se pourvoir », et plus loin : « Nommer un expert chargé de donner avis sur toutes difficultés, tenter de concilier les parties. » Vous le voyez, cette grossière erreur n'a pas été commise. »

Cette doctrine, qui fut combattue avec beaucoup de talent par Bertin, dans le journal *le Droit* du 27 août 1879, a été consacrée par des arrêts des Cours d'Amiens et de Paris et de la Cour de cassation (1).

Si, par erreur, ainsi que le fait remarquer M. l'avocat général Desjardins, le créancier ou le propriétaire prenait des conclusions portant sur le fond même du droit, réclamant, par exemple, le payement de sa créance ou revendiquant son immeuble, dans ces cas

(1) Amiens, 16 mars 1880, D. 80.2.227 ; Cass., 5 juin 1883, D. 83. 1.373, *Gaz. Pal.*, 1884, I, p. 48 ; Paris, 23 janvier 1890, D. *Rép.*, Suppl., V° *Prescription civile*, n° 346, note 1.

on ne pourrait refuser le bénéfice de l'article 2246 du
Code civil, d'après lequel la citation devant un tribunal
incompétent interrompt la prescription ; car, dans cette
hypothèse, du reste peu vraisemblable, « le juge du référé serait un de ces juges incompétents dont parle le
Code civil (1) ».

De ces mêmes explications, il résulte que les citations en référé n'impliquant de la part du juge qui doit
connaître du débat aucune décision définitive ni interlocutoire, ne peuvent suspendre nullement l'exécution
à laquelle elles ont pour objet de s'opposer : c'est au
défendeur de voir si elles sont fondées, et si, par conséquent, il n'encourrait pas de dommages-intérêts dans
le cas où il passerait outre à l'exécution (2).

(1) D. *Rép.*, Suppl., V⁰ *Prescription civile*, n⁰ 347.
(2) Caen, 10 avril 1827, *J. Av.*, t. 34, p. 326 ; Carré, quest. 2756 ;
Bioche, V⁰ *Référé*, n⁰ 259.

CHAPITRE IV

DES MESURES D'INSTRUCTION.

L'instruction est des plus sommaires en matière de référés. Les ordonnances de référé sont affranchies du droit de mise au rôle (art. 5, décret du 12 juillet 1808) et ce avec raison : il ne peut y avoir de rôle (ce qui impliquerait des numéros d'ordre) dans un mode de procéder où l'urgence est la règle qui domine.

Les parties doivent comparaître devant le Président en personne ou se faire représenter par des mandataires : l'assistance des avoués n'est pas de rigueur, ainsi que nous l'avons vu (1).

La présence du ministère public aux audiences de référé n'est pas nécessaire. Aucune disposition du Code ne l'exige ; et de plus, le décret du 30 mars 1808 n'en parle pas ; il se borne à dire : Art. 57 : Le Président du Tribunal tiendra l'audience des référés, à laquelle seront portés tous référés, pour quelque cause que ce soit (2).

Quant au greffier, sa présence est exigée à peine de nullité (3), sauf si le référé a lieu en l'hôtel du juge.

(1) V. *suprà*, p. 38.
(2) Chauveau, quest. 2769. Orléans, 4 juin 1825, *J. Av.*, t. 18, p. 784. — *Contrà* : Demiau-Crouzihac, p. 489.
(3) De Belleyme, t. I, p. 408 ; Bertin, p. 177.

Si le défendeur régulièrement assigné ne comparaît pas en référé, le Président donne défaut. De Belleyme (t. I, p. 410) recommande dans ce cas de bien vérifier si la demande est formée et conseille même de faire réassigner à nouveau le défaillant avant de statuer.

Si de plusieurs défendeurs assignés, les uns font défaut, les autres comparaissent, il ne faut pas prononcer un défaut profit-joint avec réassignation, puisqu'il n'y a pas lieu à opposition (art. 809, C. proc.); l'urgence s'oppose aux lenteurs du défaut profit-joint (1). D'ailleurs il n'y a pas un préjudice définitif pour le non-comparant, puisque l'ordonnance n'a qu'un caractère provisoire ; mais s'il y a appel de l'ordonnance et qu'un des défendeurs fasse défaut, il y a lieu à défaut profit-joint, devant la Cour, parce que, dit De Belleyme, la décision est définitive.

Le juge peut recourir à tous modes de preuve établis en matière civile, pourvu qu'ils soient compatibles avec le caractère rapide de la procédure des référés : il peut ordonner la jonction de plusieurs référés, la communication des pièces, un transport sur les lieux, une expertise, la mise en cause d'un tiers, une comparution de parties, un compte entre les parties, une mise hors de cause; il peut autoriser les parties intéressées à intervenir au référé (2), recevoir des demandes recon-

(1) De Belleyme, t. I, p. 411 ; Rouen, 4 juin 1842, D. 42.2.260. — V. Bordeaux, 11 juill. 1883, S. 84.2.56.
(2) Suivant un arrêt de la Cour de Paris du 9 juillet 1891 (D. 92.2.

ventionnelles ; mais il ne peut ordonner serment sup-
plétoire ou litisdécisoire, le serment ayant un caractère
définitif, et, une fois prêté ou refusé, mettant la partie
dans l'impossibilité de plaider au principal (1).

394) l'intervention est recevable en référé, soit en première instance,
soit en appel, lorsque la mesure sollicitée est de nature à préjudicier aux droits de la partie intervenante. Mais la jurisprudence et
la doctrine s'étaient généralement prononcées en sens contraire. V.
Paris, 28 novembre 1868 (Aff. Carvalho contre Pasdeloup) ; Paris,
29 avril 1887 (D. 88.2.221) ; 24 juillet 1888 (*La Loi*, n° du 4 novembre 1888); Bazot, p. 400-401 ; De Belleyme, t. I, p. 440; Bertin, p. 234;
Rodière, t. 2, p. 392 ; Carré, t. 6, quest. 2773 *bis* ; Bioche, t. 5, p. 741,
n° 530.

(1) De Belleyme, t. I, p. 414 et suiv. ; Bertin, p. 178.

CHAPITRE V

DES ORDONNANCES.

Les ordonnances peuvent être rendues ou sur procès-verbaux ou sur placets ou assignations : cette distinction n'est que purement réglementaire, et ne modifie en rien les pouvoirs de juridiction qui sont attribués par la loi au juge des référés. Dès lors, il n'y a pas nullité d'une ordonnance de référé parce qu'elle a été consignée au pied d'un procès-verbal de constat dans la forme usitée pour les référés sur procès-verbaux, alors qu'elle aurait dû être rendue sur placet ou assignation (1).

Les ordonnances peuvent être non seulement définitives, mais aussi préparatoires ou interlocutoires : il est important de savoir si les ordonnances présentent l'un ou l'autre de ces derniers caractères, car l'ordonnance n'est susceptible d'appel immédiat qu'autant qu'elle est interlocutoire (2).

Mais quelle que soit la nature de l'ordonnance, celle-ci doit être rendue publiquement. La formule : *Fait et jugé en notre audience des référés* fournit la preuve que la

_____

(1) Paris, 19 janvier 1882, S. 83.2.127, *J. Av.*, t. 105, p. 111, D. 93. 2.337 ; Bertin, n° 308.

(2) D. *Rép.*, V° *Appel civil*, n° 55. Paris, 14 mai 1887, D. 88.2.186.

décision a été rendue suivant le mode ordinaire, c'est-
à-dire publiquement et au Palais de Justice (1). Une
dérogation n'est admise que pour les décisions dites de
l'hôtel, c'est-à-dire rendues dans les cas d'extrême urgence, en la demeure ou dans le cabinet du Président.

L'ordonnance doit donc indiquer et la publicité et le
lieu où elle a été prononcée : elle doit indiquer également le magistrat qui l'a rendue, et constater l'assistance du greffier. Les minutes doivent même être si-
gnées par celui-ci, sauf dans le cas où le référé a été
rendu par le Président en son hôtel ou dans son cabinet au Palais de Justice : le Président peut alors signer
seul l'ordonnance, et la présence du greffier n'est pas
exigée (2).

Les minutes des ordonnances de référé doivent, aux
termes de l'article 810 du Code de procédure, être déposées au greffe ; mais le législateur n'a pas dit qu'il devait en être ainsi à peine de nullité : aussi décide-t-on
qu'on ne peut prononcer la nullité pour défaut de dépôt, les nullités ne pouvant se suppléer (3).

L'ordonnance de référé est une décision du juge, un
véritable jugement : elle doit par conséquent contenir
des motifs et un dispositif (4).

Toute ordonnance de référé est de plein droit exécu-

(1) Bertin, nº 321.
(2) Grenoble, 13 juillet 1872, D. 76.2.164.
(3) Paris, 19 janvier 1880, S. 83.2.127, D. 93.2.337.
(4) Bertin, nº 322 ; Chauveau, nº 2771.

toire par provision (art. 809, C. pr.) ; mais avant d'être exécutée, elle doit être enregistrée et signifiée.

Cependant le défaut d'enregistrement n'est pas un obstacle à l'exécution, lorsque le Président a ordonné l'exécution sur minute même avant enregistrement (1) ou lorsqu'il s'agit d'un référé sur procès-verbal (2).

L'ordonnance de référé, avons-nous dit, doit, avant l'exécution, être signifiée ; mais la signification doit être faite à la personne ou au domicile réel, et non au domicile élu ; même si un avoué s'est présenté comme mandataire de son client, on ne doit pas lui signifier l'ordonnance (3).

L'ordonnance rendue contradictoirement peut être signifiée par l'huissier choisi par la partie ; mais il en est autrement lorsque l'ordonnance a été rendue par défaut, selon De Belleyme (t. I, p. 422 et 423) et Bioche (V° *Référé*, n° 368) : il est indispensable dans ce cas que l'ordonnance soit signifiée par un huissier commis par le Président. Suivant nous, la signification ne doit pas se faire par huissier commis, l'article 156 du Code de procédure n'exigeant pareille obligation en matière ordi-

---

(1) Dans ce cas, l'enregistrement doit être ordonné par le Président dans les 3 jours et un huissier doit être commis pour la garde de l'ordonnance (De Belleyme, t. 1, p. 283, note 3. — *Décis. min. fin.*, 13 juin 1809).

(2) Dans ce cas, il suffit que l'ordonnance soit portée à l'enregistrement en même temps que le procès-verbal, *Dict. de l'Enreg.*, V° *Référé*, n° 10.

(3) Bioche, V° *Référé*, n° 366 ; De Belleyme, t. I, p. 422 ; Chauveau, quest. 2778 *bis*.

naire que pour permettre à la partie défenderesse défaillante de faire opposition, ce qui n'est pas possible en matière de référé (1).

L'ordonnance de référé peut donc être exécutée sur l'expédition délivrée par le greffier, ou sur minute.

De plus, si l'ordonnance de référé est exécutoire par provision, elle l'est également sans caution, à moins que le juge n'ait ordonné qu'il en soit fourni une (art. 809, C. pr.) : dans ce cas il ne peut être question des articles 517 et suivants du Code de procédure qui prescrivent des formalités incompatibles avec la marche rapide des référés (2) ; il suffit que le Président reçoive la caution, ou la fasse consigner à la Caisse des Dépôts (3).

Quant aux effets de l'ordonnance par défaut, ils subsistent même si elle n'est pas exécutée dans les six mois (4) : ici pas de péremption du chef d'inexécution, comme pour les jugements ; et, quant aux effets de l'ordonnance qui, tout en réservant le fond du litige et en laissant intacts les droits des parties, prescrit des mesures provisoires, ils sont ceux d'une décision définitive avec par suite droit de commandement et d'exécution (5).

(1) D. *Rép.*, V° *Référé*, n° 66.
(2) V. Bioche, V° *Référé*, n° 358 ; Bertin, n° 342.
(3) De Belleyme, t. I, p. 421.
(4) Bertin, n° 325 ; Bioche, n° 369.
(5) Cass., 23 mars 1864, D. 64.220 ; Nancy, 23 mai 1892, *J. Av.*, t. 117, p. 331 ; De Belleyme, t. II, p. 215 ; Dutruc, V° *Référé*, n° 109.

Si le juge des référés ne croit pas pouvoir statuer seul, il peut, à raison de l'importance de la question, et toutes choses restant en état, renvoyer les parties devant le Tribunal qui statue provisoirement comme juge des référés. Les articles 60 et 66 du règlement du 30 décembre 1808 organisent en ce cas une procédure spéciale (1).

Si le Tribunal est composé de plusieurs chambres, c'est d'ordinaire à celle où siège le Président qu'est renvoyée l'affaire à moins que le référé ne se rattache à une contestation principale pendante devant une autre chambre du Tribunal, car alors c'est celle-ci qui devra statuer. Et Bioche (t. 4, p. 178) fait justement remarquer que le juge ne pourrait joindre le provisoire au fond pour être statué sur le tout par un même jugement sans commettre un déni de justice.

Mais le Tribunal saisi de l'affaire en état de référé par le renvoi ainsi prononcé n'a pas d'autres pouvoirs que le Président du Tribunal ; il ne peut donc statuer que provisoirement et à raison de l'urgence sans faire préjudice au principal (2). Il s'ensuit que le Tribunal

---

(1) De Belleyme, t. I, p. 416 ; Cass., 6 mars 1834 ; Douai, 12 janvier 1832, D. *Rép.*, V° *Référé*, n° 24. *Contra*, Poitiers, 18 janvier 1825 *Ibid.*

Il est à remarquer que le projet du Code belge de procédure civile n'admet plus le renvoi d'un référé au Tribunal, parce que, dit le rapporteur, c'est un moyen trop commode pour le Président de se décharger de sa responsabilité (Moreau, p. 270).

(2) En ce sens Bazot, p. 388 ; Rousseau et Laisney, V° *Référé*, n° 17.

qui n'est saisi que d'une question de référé n'a pas compétence pour trancher le fond de l'affaire et qu'il ne peut en conséquence en évoquer le jugement.

La procédure du renvoi est des plus simples. Lorsque les parties sont représentées lors du prononcé de l'ordonnance, et que celle-ci indique la chambre saisie du litige ainsi que l'heure de la comparution, aucune assignation n'est nécessaire pour ajourner les parties devant le Tribunal. Une citation n'est exigée que si le Président a renvoyé simplement les parties à se pourvoir devant le Tribunal ou si la partie défenderesse a fait défaut devant le juge des référés (1).

La procédure à suivre est identique à celle admise devant le Président; le ministère des avoués est inutile (2); l'affaire est jugée sur simples conclusions; les qualités ne doivent pas être signifiées; et l'opposition contre les décisions rendues par défaut est non recevable (3).

(1) Note D. 68.1.199. *Contra* : Rennes, 6 août 1853, D. 55.2.314 ; D. *Rép.*, V° *Référé*, n° 45.

(2) Bioche, V° *Référé*, n° 379.

(3) De Belleyme, t. I, p. 424 ; Rousseau et Laisney, V° *Référé*, n° 236 ; Bordeaux, 12 janvier 1888, D. 89.1.167, S. 90.2.7 ; 11 juillet 1883, S. 84.2.56.

TITRE II

DES VOIES DE RECOURS.

———

CHAPITRE PREMIER

OPPOSITION.

Les ordonnances de référé ne peuvent être attaquées par la voie de l'opposition (art. 809, C. pr.), pas plus que les jugements rendus par le Tribunal en matière de référé (1).

L'ordonnance prononcée par défaut, fût-elle même rendue sur une assignation nulle, est acquise à la partie demanderesse, et le véritable recours existant en faveur de la partie condamnée est un acte d'appel ou une assignation au principal (2).

La jurisprudence est divisée sur la question de savoir si l'arrêt rendu par défaut, en matière de référé, est susceptible d'opposition.

Certaines Cours (3) et Bazot (p. 896) ont admis que

(1) V. *suprà*, p. 58, note 3.
(2) De Belleyme, t. I, p. 424.
(3) Orléans, 9 juin 1847, D. 49.2.176, *J. Av.*, t. 72, p. 681 ; Angers,

l'arrêt rendu par défaut sur l'appel d'une ordonnance de référé n'est pas susceptible d'opposition.

La solution contraire tend au contraire à prévaloir (1) et semble justifiée : l'interdiction de l'opposition en matière de référé écrite dans l'article 809 du Code de procédure en effet ne s'applique qu'au premier degré de juridiction : toute restriction au droit commun étant de droit étroit, il n'est pas permis de suppléer au silence du législateur, et cette restriction ne peut s'étendre au second degré de juridiction.

La Cour de cassation admet la voie de l'opposition (2), et cette jurisprudence paraît fixée. Néanmoins deux arrêts récents (3) ont reconnu que l'arrêt qui statue par défaut sur l'appel interjeté d'une ordonnance de référé n'est pas susceptible d'opposition.

1er septembre 1851, D. 52.5.338 ; Bastia, 11 février 1859, *J. Av.*, t. 84, p. 475 ; Paris, 31 mars 1870, D. 70.2.168 et *J.Av.*, t. 95, p. 340.

(1) Paris, 27 septembre 1860, D. 61.5.407 ; 20 février 1861, D. 61. 5.408 ; Bourges, 1er octobre 1870, S. 71.2.47 ; Bourges, 9 novembre 1870, D. 72.2.212 ; Amiens, 4 mars 1874, S. 74.2.109, D. 76.2.48 ; Bertin, n° 369.

(2) 15 avril 1891, D. 92.1.55, *J. Av.*, t. 116, p. 256 ; 7 décembre 1891, *J. Av.*, t. 117, p. 206.

(3) Bordeaux, 12 janvier 1888, *Gaz. Pal.*, 88.1.478, S. 90.2.7 et D. 89.2.167 ; Paris, 10 janvier 1889, *Gaz. Pal.*, 89.1.254.

CHAPITRE II

Les ordonnances de référé sont susceptibles d'appel. suivant les principes du droit commun, ou, en d'autres termes, toutes les fois que la demande dépasse 1500 fr. en matière mobilière et 60 francs de revenu en matière immobilière, ou est d'une valeur indéterminée.

Par cela même qu'on applique le droit commun, on doit aussi décider qu'il est toujours permis d'interjeter appel d'une ordonnance de référé pour incompétence ou excès de pouvoir, quelle que soit la somme en litige (1). L'article 454 du Code de procédure civile est mal formulé dans ses termes, il est vrai ; mais sa disposition étant générale, s'applique aux ordonnances de référé et il en résulte que l'appel est autorisé toutes les fois qu'il s'agit de compétence même si le jugement rendu ou à intervenir est en premier et en dernier ressort sur le fond.

On doit de même décider que l'ordonnance par laquelle le juge du référé rapporte une précédente ordonnance autorisant une saisie-arrêt avec réserve de

(1) Paris, 6 août 1891, D. 94.2.30 ; Besançon, 10 février 1892, D. 94.2.168.

lui en référer est susceptible d'appel. Cette deuxième ordonnance a, en effet, un caractère contentieux puisqu'elle est rendue à la suite d'une assignation et que les deux parties ont pu prendre part à la procédure qui l'a précédée, tandis que la première ordonnance avait été rendue sur requête du demandeur et sans adversaire (1).

Mais toutes les fois que l'ordonnance de référé cesse d'être un acte de juridiction contentieuse, l'appel n'est plus recevable. Ainsi est non recevable l'appel d'une ordonnance de référé aux termes de laquelle le Président s'est borné à donner acte aux parties de l'accord conclu devant lui, une telle ordonnance n'étant que la constatation d'un contrat judiciaire et non une décision contentieuse (2).

Le délai d'appel est de quinze jours (art. 809, C. proc.) à compter du jour de la signification, et encore faut-il, d'après certaines décisions, que l'ordonnance

---

(1) V. Conclusions de M. l'avocat général Desjardins, Cass., 10 novembre 1885, D. 86.1.209, J. Av., t. 110, p. 502 et note Glasson sous Paris, 15 décembre 1882, D. 83.2.97.

(2) Paris, 28 février 1893, D. 94.2.246.

Quant aux ordonnances de référé dites d'expédient, il faut rechercher la nature des jugements dits d'expédient et leur appliquer les solutions que ceux-ci comportent (D. 86.2.73).

Lorsque deux jugements distincts sont successivement rendus dans une même affaire et qu'ils se rattachent l'un à l'autre par un lien nécessaire, il est admis d'une manière unanime que l'appel interjeté contre l'un quelconque de ces jugements les soumet l'un à l'autre à la connaissance du juge d'appel (V. Crépon, t. 2, n° 2851). Il en est de même en matière de référé (Lyon, 22 décembre 1891, D. 92.2.492 et Lyon, 24 mai 1894, Monit. Lyon, 11 août 1894).

de référé ne statue pas sur des difficultés relatives à l'exécution des jugements en dernier ressort (1). Le délai ne comprend pas le jour de la signification (2) mais comprend le jour de l'échéance (3). L'appel peut être interjeté même avant le délai de huitaine à dater du jugement ou de l'ordonnance par exploit signifié à personne ou à domicile à peine de nullité, et il est irrecevable après la quinzaine à dater du jour de la signification du jugement ou de l'ordonnance de référé (4).

Le délai — qui n'est pas susceptible d'augmentation à raison des distances (5) — s'applique à toute décision de référé, qu'elle soit rendue par le Président ou par le Tribunal siégeant en état de référé (6).

Celui qui n'a pas été partie dans le référé ne peut interjeter appel de l'ordonnance ; mais celui qui est devenu cessionnaire des droits de l'une des parties peut, en cette qualité, interjeter appel de l'ordonnance. Le subrogé tuteur peut interjeter appel de l'ordonnance rendue contre le mineur qu'il représente (7).

De ce que, dans le cas d'appel d'une ordonnance sur référé, l'appel n'étant pas suspensif, l'exécution peut

(1) Paris, 22 février 1889, *J. Av.*, 1889, p. 235.
(2) Paris, 30 septembre 1880, S. 81.2.28.
(3) Bazot, p. 393.
(4) Carré, nº 2774. *Contrà* : Riom, 23 avril 1839.
(5) Bertin, nº 393. *Contrà* : Paris, 13 janvier 1887, *Gaz. Pal.*, 87.1. 234.
(6) Pau, 21 décembre 1880 ; Rousseau et Laisney, 1881, p. 390, S. 81.2.118. *Contrà* : Sirey, *Tab. Gén.*, nº 106.
(7) Paris, 11 février 1874, D. 74.2.197.

être poursuivie malgré l'appel, il s'ensuit qu'il n'y aura
pas nécessité de faire statuer en appel, comme en première instance, par le Président. Ici, il y a déjà une décision du Président; cette décision s'exécute; aussi
n'est-ce pas devant le Président de la Cour d'appel ou
devant un seul conseiller, mais devant une Chambre
de la Cour que l'appel du référé doit être porté; ainsi
le décide le paragraphe 4 de l'article 809 du Code de
procédure : *L'appel sera jugé sommairement et sans
procédure*; *sommairement*, c'est-à-dire conformément à
l'article 463 et par conséquent à l'audience (art. 809).
Il est soumis à la consignation d'une amende de fol
appel (1).

Diverses exceptions peuvent être opposées à l'appel :
nullité de l'acte d'appel; expiration des délais; acquiescement, etc. (2), mais l'appel est recevable lorsque l'appelant a déclaré devant le Président s'en rapporter à justice (3).

La Cour d'appel en infirmant une ordonnance de référé peut évoquer le fond pourvu que l'affaire soit en
état (4). Cette solution est constante sous cette restriction que la Cour ne peut évoquer, si elle est elle-même
incompétente pour connaître de l'objet de la contestation (5).

(1) Cass., 20 août 1867, D. 67.1.341, S. 67.1.372.
(2) Paris, 20 octobre 1885, *J. Av.*, t. 110, p. 508.
(3) De Belleyme, t. I, p. 426.
(4) Rouen, 21 décembre 1882, *J. Av.*, t. 108, p. 285.
(5) Dutruc, n° 173.

Les pouvoirs de la Cour, quant au fond du litige, sont aussi limités que ceux du Président. Ainsi la Cour, statuant sur l'appel d'une ordonnance de référé, excède sa compétence comme le juge des référés lui-même lorsqu'elle rend une décision qui fait préjudice au principal (1).

(1) Civ., 15 janvier 1894, D. 94.1.396.

CHAPITRE III

CASSATION.

Le pourvoi en cassation en matière de référé est impossible, car l'ordonnance ne juge pas le principal en dernier ressort, et la Cour de cassation ne statue que sur les affaires définitivement jugées, dit de Belleyme (t. I, p. 441).

Une opinion contraire a été émise par Bertin (n° 402) et Bazot (p. 401 et suiv.).

Nous ne la croyons pas juste. En effet quels sont les principes sur les cas d'ouverture à cassation ? 1° Il faut qu'il s'agisse d'un jugement ; 2° il faut que le jugement soit en dernier ressort et passé en force de chose jugée ; 3° il faut qu'il s'agisse d'une décision définitive. Or, l'ordonnance rendue en matière de référé ne peut jamais porter aucun préjudice au principal et doit avoir toujours un caractère provisoire, comme nous le verrons. Par suite de ce caractère provisoire, il y a lieu de décider avec Carré et Chauveau (quest. 2776 *quinquies*) qu'il n'y a pas matière à cassation en ce qui concerne les ordonnances de référé « Les décisions rendues par le Président du Tribunal ou par le Tribunal lui-même en état de référé, disent-ils, ne sont que pro-

visoires et toujours réparables en définitive. Il est donc
évident qu'un pourvoi en cassation serait mal à propos
dirigé contre une ordonnance, que la décision du Tribunal réformera bien plus tôt et à moins de frais, s'il
y a lieu. C'est le jugement seul du fond qui autorise
cette voie de recours, et le fond est nécessairement réservé par le juge des référés. »

Toutefois, il faut admettre que les questions relatives
à l'ordre des juridictions étant d'ordre public, les pour-
vois fondés sur une incompétence *ratione materiæ* ou
sur un excès de pouvoirs sont toujours recevables devant
la Cour suprême.

Cette dernière règle subira à son tour une dérogation pour le cas où il s'agit de question d'urgence.
L'incompétence du juge des référés fondée sur le défaut
d'urgence constitue un moyen mélangé de fait et de
droit, et, à ce titre, un semblable moyen ne peut être
proposé pour la première fois devant la Cour de cassation (1).

(1) Cass., 5 juil. 1886, S. 86.1.352 ; Cass., 19 février 1889, S. 89.
1.296.

CHAPITRE IV

Une ordonnance de référé peut être attaquée par voie de tierce opposition, déclare un arrêt de la Cour de Toulouse du 12 février 1893 (S. 93.2.273).

Cette solution est en désaccord avec la jurisprudence ordinaire et la doctrine la plus généralement suivie. La tierce opposition ne paraît pas trouver sa place en effet dans une matière qui n'admet que des décisions provisoires, susceptibles d'être modifiées ou rapportées s'il y a lieu. Les tiers lésés n'ont qu'à provoquer un nouveau référé.

Le seul intérêt que la question puisse présenter apparaît dans le cas de l'article 466 du Code de procédure civile d'après lequel il ne peut y avoir d'intervention en appel que de ceux qui auraient le droit de former tierce opposition. Les tiers lésés par l'ordonnance ne pourront donc pas intervenir sur l'appel qui en aurait été interjeté ; mais ils auront toujours la faculté d'introduire un nouveau référé devant le Président et de faire rendre une nouvelle ordonnance ; ils ne sont pas dénués de tout recours, comme semble dire l'arrêt de Toulouse (1).

(1) Dans le sens de cette opinion : Paris, 28 novembre 1868, S. 69.

Thomine-Desmazures (t. 2, n° 947) et Bilhard (p. 756) émettent également l'opinion que les tiers qui se croiraient lésés par une ordonnance de référé peuvent y former opposition. Toutefois il est à observer que dans les hypothèses posées par ces auteurs, il s'agit plutôt d'une nouvelle action en référé présentant à juger une question différente. Or, comme le dit avec raison De Belleyme (t. 1, p. 440), il ne faut pas confondre la tierce opposition avec le droit qui appartient à un tiers de faire par un nouveau référé suspendre. modifier ou compléter l'exécution d'une précédente ordonnance, en élevant un nouvel obstacle à cette exécution. La première ordonnance est *res inter alios acta*, et la deuxième ordonnance statue sur une demande différente. Mais il y a tierce opposition dans l'acception légale du mot lorsque le tiers aurait dû être appelé devant le juge des référés, lorsqu'il aurait pu intervenir, que la question est la même et que la question lui préjudicie.

2.54 ; 29 avril 1887, D. 88.2.221, S. 93.2.273 ; Bertin, n° 370 ; Dutruc, V° *Référé*, n° 155 ; Tissier, n° 59 ; Rodière, t. 2, p. 373 ; Bioche, V° *Référé*, n° 350. *En sens contraire* : De Belleyme, t. I, p. 440 ; Chauveau, quest. 2773 *bis*. Paris, 19 février 1812 ; Toulouse, 10 juillet 1827.

CHAPITRE V

REQUÊTE CIVILE.

L'ordonnance même rendue en dernier ressort n'est pas susceptible d'être attaquée par requête civile, parce qu'on peut faire réformer au principal cette décision provisoire, et que la requête civile n'est admise que lorsqu'il n'existe aucun recours ordinaire (1).

(1) Bioche, V° *Référé*, n° 349 ; Bazot, p. 400.

TROISIÈME PARTIE

PRINCIPES DE COMPÉTENCE

En matière de référés, les documents judiciaires sont très nombreux dans les recueils modernes, mais, comme l'a très bien fait remarquer Bazot (p. 172), leur richesse même est un embarras. En effet, lorsqu'il s'agit d'un ouvrage de doctrine, il ne suffit pas d'énumérer toutes les décisions qui ont été rendues sur la matière que l'on a pour but d'étudier ; il faut, et c'est là le point essentiel en même temps que le plus délicat, rechercher les principes qui ont guidé les juges dans le prononcé de ces diverses décisions, essayer de concilier ces dernières dans ce qu'elles semblent avoir de contradictoire, et les coordonner pour en former un tout homogène.

Nous nous appliquerons donc tout d'abord à dégager les principes de compétence en cas d'urgence et autres prévus par le Code en droit français ; et, comme il s'agit d'une question éminemment pratique, nous examinerons ensuite les principaux arrêts qui ont été rendus en certains cas spéciaux.

Selon nous, l'on peut formuler comme suit les principes en ce qui touche la compétence du juge des référés.

DIVISION.

1er *principe*. — L'intervention du juge des référés doit être justifiée par l'urgence.

2e *principe*. — La décision du juge des référés ne doit porter aucun préjudice au principal et avoir un caractère provisoire.

3e *principe*. — L'instance provisoire, pour pouvoir être portée en référé, doit être l'accessoire d'une action principale ayant un caractère civil.

4e *principe*. — Le Président peut étendre sa compétence, et les parties former devant lui un contrat judiciaire.

TITRE PREMIER

L'INTERVENTION DU JUGE DES RÉFÉRÉS DOIT ÊTRE JUSTIFIÉE PAR L'URGENCE.

———

« Dans tous les cas d'urgence, nous dit l'article 806 du Code de procédure, il y aura lieu à référé. » Mais, d'après ces expressions générales, « dans tous les cas d'urgence », l'usage de la voie du référé peut s'étendre bien loin. Il convient donc d'essayer de fixer les idées sur l'application de cette première disposition de l'article 806, afin d'empêcher qu'on ne s'expose à prendre la voie du référé dans des circonstances où il n'a pas été dans l'intention du législateur de l'ouvrir aux parties, et où il serait même contraire à leurs intérêts qu'ils la prissent. Certains motifs ont été présentés par l'orateur du gouvernement pour justifier ces mots : *dans tous les cas d'urgence* : « Quelques personnes, nous dit-il, ont paru craindre qu'il ne fût facile d'abuser des cas d'urgence dont parle la première partie de l'article et de faire porter sous cette dénomination à l'hôtel du président ou à l'audience des référés dont parle l'article 807 des contestations qui devraient être portées à l'audience du Tribunal. Nous croyons que cette inquiétude n'est

pas fondée, et que, sans rappeler la longue nomenclature des cas prévus par l'édit de 1685, la loi s'explique
assez clairement en n'attribuant à l'audience des référés que les cas d'urgence. Le discernement et la probité du Président ou du juge délégué feront le reste.
Renvoyant à l'audience les contestations qui ne seraient portées en l'hôtel que par une indiscrète et
avide précipitation, il n'hésitera point à prononcer sur
celles auxquelles le moindre retard, ne fût-il que de
quelques heures, peut porter un préjudice irréparable. »

Ces motifs ne sont pas des plus explicites, et nous
croyons que pour arriver à dégager l'idée exacte con-
tenue dans les premiers mots de l'article 806, il faut
d'abord bien se garder de confondre deux choses qui
sont très distinctes : la *célérité* et l'*urgence*.

Une cause peut exiger célérité, sans pour cela pouvoir
faire l'objet d'un référé.

On peut :

1° Obtenir du Président, aux termes de l'article 72
du Code de procédure civile, la permission d'assigner
à bref délai ;

2° On sera dispensé, aux termes de l'article 48, du
préliminaire de conciliation ;

3° On sera dispensé, aux termes de l'article 405, des
écritures préalables qui forment le début de la procédure ordinaire ;

4° Enfin, on obtiendra quelquefois, aux termes de

l'article 135, l'exécution provisoire du jugement nonobstant appel.

L'urgence donc suppose que, quelle que soit la briè-
veté du délai, le fait ne peut attendre la réunion de
tous les membres du Tribunal sans qu'il en résulte
péril en la demeure. C'est alors que la voie du référé
est ouverte ; et l'on peut, dans ce cas, avec Carré, distinguer trois degrés : l'urgence, dont parle l'article 806,
la célérité que prévoit l'article 808, et enfin la nécessité
qui exige la mesure prévue par l'article 811 (1).

L'urgence, en un mot, peut être nécessaire, sans
que le cas soit pressant, ainsi que l'on disait dans l'ancien droit, et alors il y a lieu de faire usage des articles 72, 48, 405 et 135 dont nous avons parlé tantôt ;
ou elle peut être extraordinaire, et alors il y a lieu à
référé.

Cette théorie se trouve du reste d'accord avec le Code ;
car, si l'on examine les différents cas prévus par la loi,
c'est bien ce principe qui domine.

Le juge des référés, en effet, est compétent pour statuer :

1° Sur la décharge à donner au gardien au cas de
saisie-exécution (606 et 607, C. pr.).

_____

(1) Voici l'exemple cité à ce sujet par Carré : pour expulser un
locataire dont le bail est expiré, il y a urgence, mais le besoin de
faire entrer un nouveau locataire produit la célérité, et enfin, si ce
nouveau locataire n'a plus d'abri, et que ses meubles soient à la
porte, il y a absolue nécessité.

2° Au cas de refus d'ouverture des portes lorsqu'il s'agit d'une saisie-revendication (809, C. pr.).

3° Lorsque des contestations s'élèvent sur la délivrance des copies d'actes non enregistrés ou imparfaits (841, 842, 843, C. pr.) (1).

4° Lorsque les difficultés s'élèvent sur la délivrance des secondes grosses (844, 845, C. pr.).

5° En cas de contestations sur l'exactitude des expéditions (852, C. pr.).

6° Sur les demandes de compulsoires, s'il y a urgence (849, C. pr.).

7° Au cas d'apposition et de levée de scellés (921 et 922, C. pr.).

8° Au cas d'inventaire (944, C. pr.).

9° Lorsque le débiteur arrêté pour dettes demande sa mise en liberté (786, C. pr.).

10° Au cas de vente de meubles dépendant d'une succession, alors qu'il y a des créanciers saisissants et opposants, ou que la majorité des héritiers a demandé la vente (826, C. civ. ; 945, 946 et 948, C. pr.).

11° Sur le privilège du propriétaire à raison des loyers à lui dus, en matière de contribution judiciaire (661, C. pr.).

12° Au cas de saisie immobilière, sur la nomination d'un séquestre judiciaire (681, C. pr.).

(1) Paris, 8 mai 1857, D. 59.2.322, S. 57.2.557.
Le juge des référés est compétent pour ordonner délivrance, aux parties intéressées, de la copie d'un testament imparfait (Cass., 28 avril 1862, S. 62.1.492).

13° Sur l'opposition faite par l'adjudicataire à la dé--
livrance du certificat constatant que ledit adjudicataire
n'a point justifié de l'acquit des conditions exigibles
de l'adjudication pour poursuivre la folle enchère (734,
C. pr.).

Tels sont les cas d'urgence nominativement prévus
par le Code qui peuvent donner lieu à référé.

Il est bien certain que cette énumération n'est pas
limitative (1). Aussi les cas non prévus rentrent-ils
dans le pouvoir discrétionnaire du Président du Tribunal qui a compétence pour statuer en référé toutes les
fois que l'urgence lui paraît rendre obligatoire cette voie
de recours, c'est-à-dire toutes les fois qu'il y a nécessité de pourvoir à une situation qui en se prolongeant
entraînerait des périls et ferait redouter un dommage
prochain (2).

Une opinion contraire a été émise par Carré (3),
mais à laquelle il nous semble impossible de nous rallier.
Le législateur ne peut en effet prévoir toutes les situations
d'où l'urgence peut résulter, il a dû s'en remettre à l'appréciation du juge des référés (4). Chauveau a essayé de
concilier l'opinion de Carré avec celles de Pigeau, Boi-

---

(1) De même que celle de De Belleyme est nécessairement incomplète. Elle est pourtant instructive à parcourir (t. II, p. 110 et suiv.).

(2) Pigeau, t. 2, p. 491 ; Boitard, t. 2, n° 1068. Mais un retard
apporté par une partie dans l'exécution d'une obligation de faire
n'est pas une voie de fait (Bruxelles, 19 avril 1893, D. 94.2.128).

(3) Chauveau sur Carré, p. 268.

(4) De Belleyme, t. I, p. 375 ; Bertin, t. II, p. 52 ; Bazot, p. 234 ;
Bioche, V° *Référé*, n° 15 ; Rousseau et Laisney, V° *Référé*, n° 27.

tard et de la majorité des auteurs : il soutient que Carré n'a voulu dire autre chose, sinon que le Président du Tribunal est incompétent pour juger en référé, lorsqu'il n'existe pas une urgence telle qu'elle rende obligatoire cette voie de recours. Si telle a été la pensée de Carré, tous les auteurs se trouvent d'accord : le Président est omnipotent ; l'esprit de justice qui l'anime est son seul modérateur.

Il appartient donc au juge des référés d'apprécier si l'urgence invoquée à l'appui d'une demande existe ou non dans la cause (1) ; et comme la décision qu'il rend est souveraine, elle ne peut être déférée à la Cour de cassation (2).

Le point de savoir s'il y a urgence est en conséquence une question de faits et de milieux : « L'urgence, dit Gérard (p. 55), est une idée absolument contingente.... C'est cette considération qui amènera le Président à rendre un grand nombre d'ordonnances, soit pour la protection d'intérêts matériels, soit par des considérations d'humanité, soit par des raisons d'affection et de devoirs ou droits de famille, etc... »

Cette idée de l'urgence a été dégagée également par

_____

(1) Le juge des référés est compétent pour autoriser une mesure urgente, alors même que cette mesure se rattache à une instance engagée (Contrà : Paris, 17 février 1872).

(2) Cass., 29 juin 1859, D. 60.1.158 ; Civ. rej., 13 juillet 1871, D. 71.1.83 ; Req., 14 mars 1882, D. 82.1.241, S. 82.1.349 ; Cass., 20 juillet 1882, D. 83.1.161, S. 85.1.58 ; Cass., 3 juillet 1889, S. 90.1.465 ; Req., 20 juillet 1893, D. 93.1.597 ; Montpellier, 29 mai 1895, D. 95. 2.391.

la Cour de cassation, et il a été décidé que l'incompétence du juge des référés, fondée sur le défaut d'urgence, constitue tellement un moyen mélangé de fait et
de droit qu'à ce titre elle ne peut être soulevée pour la
première fois en cassation (1).

Ce que l'on exige du juge des référés, c'est qu'en
affirmant sa compétence, il déclare l'urgence qui la
motive. La Cour de cassation se montre toutefois extrê-
mement large sur la forme de déclaration. Ainsi, il a
été jugé que lorsque la requête présentée au juge du
référé expose qu'il y a nécessité de faire procéder, sans
aucun retard, à l'expertise sollicitée, parce que les dé-
bris des objets incendiés dont l'examen peut être utile,
vont disparaître, l'ordonnance par laquelle, au vu de
cette requête, il est déclaré « qu'il y a plus que célérité, mais urgence » contient par référence des motifs
précis et explicites sur l'urgence en question (2). De
même il a été jugé que lorsqu'une partie demande par
voie de référé une expertise pour vérifier certains faits,
en invoquant comme raison d'urgence des circonstances spéciales, le Président qui, dans son ordonnance,
déclare l'expertise urgente « en présence du désaccord
des parties » c'est-à-dire de l'état du débat soumis au
juge, se réfère d'une manière implicite, mais suffisamment claire, aux faits affirmés d'une part et non déniés
de l'autre, et ainsi déclare et explique l'urgence impo-

(1) Voir *suprà*, p. 67, note 1.
(2) Req., 30 octobre 1889, D. 90.1.163.

sée par l'article 806 du Code de procédure comme condition de sa compétence (1).

L'idée d'urgence étant ainsi nettement dégagée, il
nous reste à examiner une difficulté à laquelle donne
lieu l'article 806 C. pr. Celui-ci dispose qu'il y a lieu à
référé dans deux cas : 1° dans le cas d'urgence ; 2° dans
le cas de difficultés relatives à l'exécution des titres
exécutoires.

La question est de savoir si, dans ce dernier cas,
l'urgence doit exister pour permettre au juge de statuer.

Deux opinions absolument opposées se sont fait jour :
l'une de Boitard (t. 3, p. 281) et de Chauveau (n° 2754 *bis*
et sup.) ; l'autre de De Belleyme (t. I, p. 376 et suiv.)
et de Bertin (n°ˢ 94 et suiv.).

« Quelque avantage, dit Chauveau, que puisse présenter l'usage de soumettre aux juges de référé toutes
les contestations sur l'exécution d'un titre authentique
ou d'un jugement, lorsque l'urgence n'existe pas, nous
le croyons contraire au vœu de la loi, aux principes
fondamentaux des juridictions, et dangereux même
par l'extension qu'il donne à la compétence déjà si
étendue des Présidents des tribunaux civils. »

A quoi Bertin répond :

« Le texte de l'article 806 est embarrassant pour ceux
qui ont cru devoir poser le principe que l'urgence est
la condition nécessaire de l'exercice des pouvoirs du
juge des référés.

(1) Req., 7 novembre 1894, D. 95.1.8.

« M. Boitard ne discute pas le texte de l'article 806 ;
il se borne à déclarer que la rédaction de ce texte est
vicieuse ; M. Chauveau est moins tranchant ; il reconnaît que l'article 806 semble admettre des causes distinctes de référé ; mais il ajoute que les paroles de l'o-
rateur du gouvernement citées par M. Carré prouvent,
ce lui semble, que ceux qui ont fait la loi ont entendu
exiger l'urgence dans le second cas , aussi bien que
dans le premier.

« Nous nous expliquerons sur les paroles de l'orateur
du gouvernement, et nous espérons démontrer que ces
paroles doivent conduire à une solution contraire à
celle proposée dubitativement par M. Chauveau.

« MM. Boitard et Chauveau ont profondément étudié
les lois de procédure, mais l'un et l'autre ont été étrangers à la pratique des affaires et surtout au fonctionne-
ment de la juridiction des référés.

« M. le conseiller d'État Réal, qui a présenté l'exposé
des motifs du titre des référés , son collaborateur ,
M. Pigeau, savaient qu'il était indispensable de créer
des garanties spéciales et exceptionnelles en faveur des
possesseurs des titres authentiques, pour mettre un
terme aux spéculations des débiteurs qui éternisaient
les poursuites d'exécution.

« Non seulement nous n'avons pas découvert dans
l'exposé des motifs du titre des référés quoi que ce soit
qui puisse autoriser à penser que le législateur a entendu étendre au second cas l'urgence qu'il avait exigée

dans le premier, mais nous y avons trouvé la manifestation d'une volonté toute contraire. Notre démonstration consistera à reproduire textuellement cette partie de l'exposé des motifs : « Les lignes tracées par la seconde partie de cette disposition (celle relative à l'exécution des actes authentiques) sont assez fortement prononcées pour qu'on ne puisse les franchir sans une évidente mauvaise foi ; quelques personnes ont paru craindre qu'il ne fût facile d'abuser du cas d'urgence dont parle la première partie et de faire porter sous cette dénomination à l'hôtel du Président ou à l'audience des référés, dont parle l'article 807, les contestations qui devraient être portées à l'audience ordinaire du Tribunal.

« Assurément on ne pouvait craindre l'abus du mot urgence pour le second cas, puisque ce mot ne s'y trouve pas ; mais l'orateur du gouvernement croit devoir faire remarquer que l'urgence ne peut soulever de difficultés que dans le premier cas.

« MM. Réal et Pigeau se sont bien gardés d'exiger l'urgence au cas de difficultés relatives à l'exécution des titres authentiques ; il peut arriver que l'exécution ne présente pas les conditions de l'urgence exigées dans le premier cas ; cependant la juridiction expéditive du référé a paru nécessaire dans tous les cas où il s'agit de difficultés relatives à l'exécution.

« MM. Réal et Pigeau savaient qu'il était indispensable que toutes les questions d'exécution des actes

exécutoires et des jugements fussent rapidement jugées et les solutions rapidement exécutées ; ils n'igno-
raient pas quelles ressources merveilleuses le débiteur
peut trouver dans la procédure organisée par la justice
ordinaire, à l'effet d'ajourner indéfiniment l'exécution
des engagements qu'il a contractés.

« C'est pour mettre un terme à ces procédés déloyaux
que la loi a voulu que le juge des référés eût, *dans tous
les cas*, le droit d'apprécier provisoirement la légitimité
des poursuites d'exécution. »

Comme conclusion à l'exposé de ces deux opinions,
nous devons dire que la jurisprudence se prononce très
énergiquement en faveur de l'extension donnée aux
référés par De Belleyme et Bertin. « Toutefois, et même
en admettant l'utilité pratique de cette extension, nous
pensons que les Présidents devraient user avec beaucoup de réserves de leurs droits, pour ne pas amoindrir
la juridiction des Tribunaux de première instance, qui
offre plus de garantie par cette raison qu'elle présente
moins d'arbitraire. Ce qui se comprend à Paris serait
déplorable dans les divers arrondissements de France,
où il n'y aurait bientôt plus qu'un juge unique si l'on
admettait entièrement les principes de M. De Belleyme »
(D. *Rép.*, V° *Référé*, n° 165 *in fine*).

TITRE II

LA DÉCISION DU JUGE DES RÉFÉRÉS NE DOIT PORTER AUCUN PRÉJUDICE AU PRINCIPAL ET AVOIR UN CARACTÈRE PROVISOIRE.

———

CHAPITRE PREMIER

AUCUN PRÉJUDICE AU PRINCIPAL.

Le juge des référés, nous l'avons vu, détermine souverainement les cas d'urgence qui peuvent entraîner sa compétence. Il peut, en outre — en cas d'urgence naturellement — ordonner toutes les mesures provisoires du moment qu'elles ne préjugent pas du fond. C'est le principe fondamental de la compétence du juge des référés.

Qu'est-ce donc que faire préjudice au principal (art. 809, C. pr.)?

La réponse est différente suivant les auteurs et suivant la jurisprudence.

Faire préjudice au principal, a-t-on dit, c'est causer en fait un dommage à l'une des parties en cause devant le juge des référés. En général, cette interprétation est rejetée et on admet que la règle posée par l'article 809 du Code de procédure ne s'oppose pas à ce que le Président prenne des mesures de nature à causer à une partie un certain préjudice (1), car, dit un arrêt de la Cour de cassation du 17 février 1874 (2) « si l'article 809 du Code de procédure civile porte que les ordonnances du Président ne feront aucun préjudice au principal, il faut en conclure qu'elles ne lient en aucune façon le Tribunal pour l'appréciation du litige au fond ; mais on ne saurait en induire que le Président n'a, dans aucun cas, qualité pour prescrire à titre provisoire une mesure de nature à causer peut-être à l'une des parties un dommage irréparable en fait » (3).

Le rapport de M. le conseiller Gouget, qui a précédé cet arrêt, justifiait cette doctrine ainsi qu'il suit : « Le principe (que les ordonnances de référé ne feront aucun préjudice au principal) est incontestable, mais il faut en déterminer avec soin la portée véritable, et ne pas en étendre l'application au delà des limites qu'il comporte. Les Tribunaux ont seuls le droit de résoudre au fond les difficultés qui divisent les parties, et le juge des référés n'est institué que pour prendre au provisoire des mesures urgentes. Il en résulte que ses dé-

(1) D. Code de procédure, art. 809, n°s 1 et suiv. ; Sup., n°s 9188 et suiv.

(2) Req., 17 février 1874, D. 74.1.144.

(3) Gérard, p. 65 et suiv. ; Bertin, t. 2, n^cs 166 et suiv. ; Bazot, p. 237 et 238.

cisions ne pourraient lier les tribunaux relativement
à la solution du litige ; c'est ce qu'exprime parfaitement la formule usitée dans toutes les ordonnances de
référé : « Au principal, renvoyons les parties à se
pourvoir, et néanmoins, par provision, disons etc... »
Il est donc vrai que les décisions rendues en référé
n'exercent, en droit, aucune influence sur le principal,
qu'elles le laissent complètement intact. Mais peut-on
conclure qu'elles ne peuvent modifier d'une manière
irréparable, en fait, les situations respectives des plai-
deurs ? Évidemment, non. Il faut, au contraire, reconnaître que, dans une foule de circonstances, les conséquences de fait des sentences de référé sont sans
remède possible, qu'elles sont de nature à causer un
dommage définitif à l'une des parties. En matière de
scellés, par exemple, il s'agit d'autoriser ou d'interdire
une opposition ou une mainlevée sans description
immédiate ; en matière de saisie-exécution, de surseoir
ou passer outre à des poursuites ; en matière d'emprisonnement, de maintenir l'arrestation d'un débiteur
ou d'ordonner sa mise en liberté ; en matière de location, de prescrire l'expulsion d'un locataire ou de lui
conserver la jouissance des lieux ; dans tous les cas et
dans une multitude d'autres qu'il est inutile de rappeler, la compétence du juge des référés ne saurait être
mise en doute, et l'on est cependant forcé de reconnaître que ces ordonnances peuvent singulièrement com-
promettre les intérêts des parties, qu'elles peuvent ren-

dre sans utilité pratique pour elles les décisions rendues plus tard en leur faveur par le juge du fond (1). »

Deux autres interprétations se sont produites.

D'après l'une d'elles, qui a été admise par plusieurs arrêts de Cours d'appel (2), du moment où le juge apprécie la validité des titres qui lui sont produits par les deux parties, pour statuer au provisoire, et s'appuie sur des raisons tirées du fond du droit, il fait préjudice au principal : il ne peut donc pas, provisoirement, juger ou seulement préjuger le fond.

Chauveau (n° 2754 *ter*) fait remarquer qu'avec de tels systèmes, le juge des référés n'aurait aucune compétence : « En effet, dit-il, il n'est pas d'hypothèse en cette matière où le magistrat ne doive examiner soit le titre judiciaire ou authentique, soit les actes par lesquels on cherche à en détruire l'effet, pas d'hypothèse où le sursis à l'exécution ne soit l'objet de la demande

(1) V. Bertin, n°ˢ 162 et suiv., où sont cités de nombreux arrêts de cours d'appel rendus dans un autre sens. De même, contrairement à cette doctrine, la Cour de Paris par arrêt du 14 décembre 1894 (D. 95.2.521) a déclaré le juge des référés incompétent pour statuer sur la question de savoir si les prescriptions statutaires d'une société avaient été violées et pour interdire la convocation d'une assemblée générale, de semblables mesures étant de nature à porter préjudice au principal ; cependant, on ne voit pas bien comment la mesure ordonnée par le Président pouvait préjudicier au principal, et il ne semble même pas qu'elle fût de nature à entraîner un préjudice sérieux ; et antérieurement la Cour de cassation (7 novembre 1894, D. 95.1.8) paraissait également admettre que pour qu'une décision rendue en référé ne fasse pas préjudice au principal, il faut qu'elle ne produise aucune conséquence irréparable.

(2) Paris, 28 novembre 1876 et 14 avril 1877, D. 78.2.244.

portée devant lui. Si donc on lui défend d'une manière absolue d'interpréter ces actes, c'est lui défendre également d'en apprécier le sens et si la connaissance du fond lui est totalement interdite, comment connaîtra-t-il de l'exécution qui n'en est que la conséquence?... » (1) L'article 806 du Code de procédure en autorisant le droit de statuer sur les difficultés de titres a permis implicitement d'examiner les pièces produites.

Une dernière interprétation consiste à dire que le juge est absolument maître pour les mesures provisoires ; les décisions qu'il rend en ce cas n'ont pas, quant au fond, l'autorité de la chose jugée, ne lient nullement le Tribunal pour l'appréciation du litige au fond ; le juge peut préjuger et même juger provisoirement le fond ; il peut, pour justifier les mesures provisoires qu'il ordonne, apprécier la validité des titres et se baser sur des motifs tirés du fond du droit.

Cette dernière interprétation est la plus logique et c'est celle qui est ordinairement suivie (2). Elle est du reste conforme à l'opinion exprimée dans l'exposé des motifs de la loi, où il est dit : « L'article 809 du Code de procédure qui ordonne l'exécution provisoire de ces ordonnances et qui les soustrait à l'opposition, empêche en même temps les abus qui pourraient en résulter, en

---

(1) V. De Belleyme, t. I, p. 379.
(2) Cass., 17 février 1874, D. 74.1.444 ; Chauveau, quest. 2754 *ter*, *in fine* ; Bioche, V° *Référé*, n° 82 ; Bertin, n°s 162 et suiv. ; Bazot, p. 163, 319 et suiv.

prononçant que les ordonnances ne font aucun préjudice au principal ; que, par conséquent, elles sont essentiellement provisoires, et qu'elles ne pourront jamais
devenir définitives que par un jugement d'audience. »
Elle se justifie encore par les raisons suivantes exposées
par Bazot (p. 319) : « Lorsqu'un obstacle sera apporté
à l'exécution d'un acte ou d'un jugement, quel que soit
le juge à qui cette difficulté soit dévolue, aussi bien devant celui qui devra juger provisoirement que devant
celui qui devra juger définitivement, la question se po-
sera toujours la même : l'opposition faite à l'exécution
est-elle légitime ? Par suite, il faut, ou dénier toute compétence au juge des référés en pareille matière, ou lui
reconnaître le droit d'apprécier provisoirement même
la question principale. Et, comme l'article 806 du Code
de procédure contient sur ce point l'attribution la plus
formelle faite au juge des référés, force est donc de l'accepter avec ses conséquences nécessaires... » Cette interprétation de l'article 806 du Code de procédure est-
elle en contradiction avec l'article 809 du même Code ?
Non, certes, et Chauveau donne une réponse aussi simple que juste à l'objection : « L'article 809, dit-il, prescrit au juge des référés non pas de s'abstenir de connaître du principal, mais d'y faire aucun préjudice, ce
qui est bien différent. » L'objection est capitale, car
elle a pour but de faire apparaître clairement la démar-
cation existant entre les attributions du juge des référés

et celles du Tribunal chargé de prononcer définitivement sur la contestation (1).

Grâce à ces quelques observations, l'article 809 du
Code de procédure se comprend. Le juge des référés ne
peut conférer un droit, ce qui appartient exclusivement
à la juridiction ordinaire du Tribunal ; mais il peut, il
doit apprécier les explications données, les pièces et les
faits produits au point de vue de la solution à donner
aux difficultés relatives à l'exécution des titres exécutoires et des jugements ; il ne peut, en un mot, se subs-
tituer à la juridiction ordinaire, et juger les procès aux
lieu et place du Tribunal : à celui-ci seul appartient de
juger les questions auxquelles peut donner lieu l'appréciation du fond du droit.

Le Président ne peut donc, en vertu de ce principe,
décider qu'une convention sera ou ne sera pas exécutée (2), ni statuer même implicitement, soit sur la nature du contrat intervenu entre les parties, soit sur les
effets juridiques que celui-ci doit produire (3), ni rectifier ou annuler un titre exécutoire, ni déclarer illégaux
des actes d'exécution (4), ni prononcer la résiliation
d'un contrat de bail (5), ni statuer sur une question de
privilège (6), ni ordonner à un officier de l'état civil de

---

(1) Dans le même sens, Bertin, nᵒˢ 104 et suiv.
(2) De Belleyme, t. I, p. 385 ; D. *Rép.*, Vᵒ *Référé*, nᵒˢ 172 et 226.
(3) Bordeaux, 6 juillet 1887, *Gaz. Pal.*, 88, I, Supp., 12.
(4) Lyon, 2 mars 1860, *J. Av.*, 1861, p. 455 ; Riom, 4 janvier 1862,
D. 62.2.80 ; Bertin, nᵒ 109.
(5) Bertin, nᵒ 814.
(6) Paris, 12 juin 1876, S. 77.2.85.

passer outre à une opposition à mariage (1), ni ordonner à un avoué non payé de ses frais de se dessaisir d'un dossier (2), ni décider un remploi (3), ni prononcer une condamnation à des dommages-intérêts (4), etc., etc..., mais il peut examiner si le titre en vertu duquel les poursuites sont exercées est exécutoire, par qui il a été contracté ; il peut statuer sur la discontinuation des poursuites (5) et ordonner des mesures d'instruction destinées à l'éclairer à ce sujet (6) ; il peut apprécier la demande à fin de suspension de poursuites, qu'elle soit fondée sur l'allégation d'un paiement total ou partiel, sur le bénéfice de la compensation ou de la novation, sur des offres, etc., etc. (7).

En un mot, faire préjudice au principal, c'est juger le fond du droit, c'est conférer des droits d'exécution. Du moment où le Président cesse de respecter ces deux points, il cesse d'être compétent à moins qu'il ne s'agisse de certaines matières où il est incompétent même pour statuer provisoirement, comme en matière de contributions directes ou indirectes (8), en matière

---

(1) Angers, 15 mars 1879, D. 80.2.116 et S. 81.2.159.
(2) Cass., 6 février 1877, D. 77.1.79.
(3) Lyon, 22 novembre 1851, D. 54.5.638.
(4) Douai, 23 novembre 1839.
(5) Paris, 5 novembre 1894, D. 95.2.118.
(6) Paris, 14 mai 1887, D. 88.2.187.
(7) V. à ce sujet, Bertin, n°s 111 et suiv., n°s 122 et suiv.
(8) Trib. Seine, 3 mars 1842 rapporté par De Belleyme, t. I, p. 534 et 535 ; Bordeaux, 4 décembre 1873, D. 74 2 181 ; Bioche, V° *Référé*, n°s 94 et suiv.

commerciale, en matière administrative, dans les affaires qui ressortissent de la compétence des juges de paix (1).

Notre principe étant ainsi nettement posé, comment fera le juge pour savoir d'une façon certaine s'il n'outrepasse pas ses droits? Il s'agit là purement et simplement d'une question d'appréciation, mais l'on peut cependant, après la lecture de la jurisprudence et des auteurs, développer un peu cette pensée de l'article 809 du Code de procédure et arriver à formuler quelques propositions permettant de déterminer la compétence du juge des référés.

Tout d'abord, nous savons que le Président ne peut en aucune façon rendre une décision impliquant d'avance le jugement à intervenir : toutes les mesures conservatoires qui permettent d'attendre ce jugement seront régulièrement prises par lui ; pendant le procès au fond ou en l'attendant, la possession de la chose ou du droit litigieux sera réglée par lui (2).

D'autre part, nous avons vu que lorsque des poursuites sont exercées, les titres en vertu desquels on agit doivent, en cas de contestation, être présentés au Président qui les examinera : cet examen n'aura pas pour

(1) Voir *infrà*, p. 107 et suiv.
(2) Le juge des référés, comme l'a dit très justement Gérard, p. 83 et suiv. et l'a exposé avec précision, se trouve vis-à-vis du juge du fond dans la même situation que le juge au possessoire vis-à-vis du juge du pétitoire ; par suite les principes de compétence doivent être les mêmes. V. Cass., 20 juillet 1882, S. 83.2.58.

objet de faire prononcer la nullité de l'exécution, mais seulement de faire prononcer s'il y a lieu, ou non, de continuer les poursuites. Le Président n'a donc pas le droit d'appliquer un droit, d'en faciliter l'exercice, de lever toutes entraves ; il n'a pas le droit d'interpréter la convention en cause (D. 57.5.375) ni le texte de loi sur lequel les parties s'appuient, ni de motiver sa décision par des raisons tirées exclusivement du fond du droit.

Enfin, il importe de bien se rappeler que la formule que l'ordonnance de référé ne fait pas préjudice au principal ne veut pas dire qu'elle ne doive jamais causer de préjudice. En effet les mesures accessoires qu'il peut y avoir lieu d'ordonner ne peuvent être rendues sans atteindre l'une ou l'autre des parties ; il est bien certain que l'ordonnance qui suspend les poursuites commencées cause infailliblement un préjudice au créancier, et il est bien certain qu'on ne peut pas venir affirmer qu'il n'y aura aucun intérêt lésé, quand une mesure purement conservatoire, comme une expertise, sera prise.

CHAPITRE II

Les ordonnances de référé doivent être nécessitées par l'urgence d'une part, ne porter aucun préjudice au principal d'autre part et, avons-nous ajouté, avoir un caractère provisoire. C'est cette dernière incidente que nous devons étudier à fond ; nous en avons parlé à maintes reprises dans le paragraphe précédent, mais sans nettement en déterminer le sens.

Un jugement provisoire est celui par lequel un tribunal décide actuellement et par provision certaines questions détachées de la cause principale, et qui présente un caractère spécial d'urgence. Le référé a ce caractère : on adjuge à une des parties certaines conclusions avant le jugement définitif.

Mais quelles sont les conclusions que l'on peut ainsi adjuger ? Toutes celles qui ne portent point préjudice au principal, qui ne décident pas du fond du procès ; et c'est ainsi notamment qu'on ne peut, en matière de référés, prononcer de condamnations à des dommages-intérêts, ni statuer sur les dépens.

A) *Le juge des référés ne pourrait prononcer de con-*

damnation à des dommages-intérêts (1). Il suffit d'indiquer ce principe et les conséquences qu'entraînerait
sa non-admission pour le réfuter. Aussi la Cour de
Metz a-t-elle fort bien jugé lorsqu'elle a dit : que le Président du Tribunal civil de Rethel, en prononçant des
dommages-intérêts avait excédé les pouvoirs conférés
par l'article 809 du Code de procédure civile, puisqu'il
avait statué au principal.

Cependant la Cour de Paris a jugé qu'une caissière
provisoirement expulsée en vertu d'une ordonnance
de référé non seulement devait être réintégrée dans
les lieux et fonctions qu'elle occupait, mais qu'il y
avait lieu en outre de lui accorder des dommages-intérêts pour réparation du préjudice causé par l'expulsion (2).

La Cour saisie par suite de l'appel de l'ordonnance
de référé ne pouvait statuer que dans les limites de la
juridiction des référés qui ne peut porter aucun préjudice au principal et a un caractère provisoire. Une
demande en dommages-intérêts n'a pas ce dernier caractère ; elle intéresse le fond même du droit ; c'est
pourquoi la Cour de Paris ne pouvait régulièrement statuer sur une demande de cette nature, qui appartient
exclusivement à la juridiction ordinaire du Tribunal.

De même, dans une ordonnance en date du 2 juillet

(1) Metz, 13 fév. 1830, 1er juin 1833, D. *Rép.*, V° *Référé*, n° 223.
Bertin, 17 mars 1880, J. *Av.*, I, 105, p. 198.
(2) Paris, 1er fév. 1873, S. 73.2.87 et D. 73.2.166.

1879 (1), le Président du Tribunal de la Rochelle avait outrepassé ses droits en décidant que la supérieure d'un couvent, faute par elle de faire sortir de son couvent à l'instant même de la signification de l'ordonnance une jeune fille qu'elle détenait indûment, payerait une somme de 500 francs à titre de dommages-intérêts par chaque jour de retard. Sans doute, dans cette espèce, on pourrait venir dire que la condamnation prononcée par le juge du référé n'était qu'une condamnation accessoire et une sanction ajoutée au dispositif de l'ordonnance. Mais même sous cette forme, elle ne pouvait être maintenue. C'est ce qu'a décidé, avec juste raison, la Cour de Poitiers (1) : « Attendu que l'ordre donné à la supérieure de faire sortir la demoiselle sequestrée de son couvent est une atteinte formelle aux droits de la personne elle-même à laquelle il s'agit d'interdire le séjour de cette maison, et que la condamnation à des dommages-intérêts, comme sanction de l'obligation ainsi imposée, constituerait une contrainte indirecte et morale contre la même personne..... Dit qu'il n'y avait lieu à référé. »

Cet arrêt nous prouve ainsi que, non seulement, le Président ne peut prononcer une condamnation à des dommages-intérêts, mais ne peut même pas, comme le feraient les Tribunaux, contraindre une des parties à s'exécuter sous peine d'encourir une sanction pénale se résolvant en dommages-intérêts (C. civ., 1142).

(1) D. 79.2.263.

Cette opinion est celle de la Cour de cassation. Arrêt du 6 février 1877 (1) : « Attendu que l'arrêt attaqué statuant en état de référé dispose que dans le délai de huitaine, et sous une contrainte de 200 francs par chaque jour de retard, Mᵉ Royer sera tenu de remettre sur récépissé à Mᵉ Dulong, avoué en appel des défendeurs, les pièces qui se trouvaient entre ses mains pour les dites pièces lui être rendues directement après l'arrêt du fond.

« Qu'il s'agissait de grosses, que le demandeur prétendait retenir parce que les frais lui étaient dus.

« Attendu que le juge des référés ne peut pas sans excéder ses pouvoirs statuer sur l'existence, ni régler l'effet ou l'étendue d'un privilège contesté ou d'un prétendu droit de rétention.

« Qu'ordonner à l'avoué non payé de ses frais, et qui excipe de son droit de rétention, de se dessaisir des pièces, et ce, sous une contrainte pécuniaire, c'est en réalité statuer sur le fond du droit litigieux, en déterminer la portée et préjudicier au principal (2)..... Par ces motifs, casse. »

Faisons remarquer toutefois que si une ordonnance de référé ne peut prononcer de condamnation principale et ne peut avoir quant à ce l'autorité de la chose

---

(1) Cass., 6 fév. 1877, S. 77.1.168.
(2) Cassation d'un arrêt de la Cour de Rouen du 3 mai 1875, S. 77. 2.7.

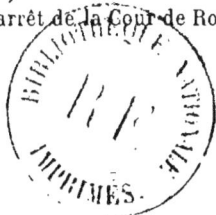

D. — 7

jugée (1), elle produit, quant aux mesures provisoires qu'elle prescrit régulièrement, tous les effets d'une décision définitive avec un droit actuel de commandement et d'exécution (2) : ainsi, une femme mariée, autorisée par ordonnance de référé à avoir pendant l'instance en divorce, une habitation séparée dont le loyer a été mis à la charge du mari, a le droit de faire commandement à celui-ci d'avoir à payer les termes des loyers échus et avancés par elle (3).

B) *Le juge du référé ne peut statuer sur les dépens.* Cette proposition n'est pas adoptée par tous les auteurs et n'est pas appliquée par tous les tribunaux ni par toutes les cours.

Trois opinions ont été émises à ce sujet.

D'après une première opinion, le juge du référé ne peut en aucune façon statuer sur les dépens ; car il n'a le pouvoir de prescrire que des mesures provisoires, et la question des dépens est le plus souvent subordonnée à l'appréciation de la question du fond (4) ; de plus, le juge du référé n'a pas de juridiction spéciale, le Président exerce dans ce cas, par délégation de la loi et dans les limites qu'elle fixe, la juridiction du Tribunal devant lequel il peut renvoyer les parties en état de référé, lors-

---

(1) Cass., 28 juin 1892, S. 93.1.415.
(2) Labori, V° *Référé*, n°ˢ 27 et suiv.
(3) Nancy, 23 mai 1892, *Le Droit*, 26 juillet 1892.
(4) Bioche, V° *Référé*, n° 301 ; Rome, 3 octobre 1809 ; Bourges, 30 août 1831, 24 juillet 1832, D. *Rép.*, V° *Référé*, n° 224.

qu'il ne croit pas devoir prendre sur lui la responsabilité de la décision.

Suivant une autre opinion, conforme à la pratique constamment suivie à Paris, il faut distinguer : le juge des référés, en 1re instance, ne peut jamais statuer sur la question des dépens ; mais la Cour, saisie de la connaissance du référé par suite de l'appel de l'ordonnance, peut toujours condamner aux dépens.

De Belleyme a expliqué, dans une lettre adressée au *Journal des Avoués*, et reproduite par Chauveau (q. 2754), les raisons qui militent en faveur de cette façon de procéder : « La jurisprudence constante du Tribunal de la Seine est que le Président ne peut, en référé, prononcer une condamnation de dépens ; et comme il ne s'est jamais élevé de contestation à ce sujet, je n'ai fait que poser la règle dans le chapitre : Principes généraux ; Compétence. Cette règle était celle de mes prédécesseurs ; mais en cas d'appel d'une ordonnance de référé, la Cour de Paris, en vertu de son pouvoir souverain, et parce que le provisoire peut devenir définitif, s'il n'y a pas d'instance au principal, prononce la condamnation aux dépens, avec raison selon moi. »

Cette théorie, bien que contestable, est admise à Paris et en province (1) ; elle ne repose pas sur des raisons bien solides. Pourquoi la Cour pourrait-elle, en matière de référé, prononcer une condamnation de dé-

___
(1) Riom, 12 nov. 1883, D. 85.2.64.

pens, alors que les juges de première instance ne le peuvent pas ? C'est, répond De Belleyme, que la Cour statue en vertu de son pouvoir souverain ; mais ce pouvoir lui-même « est très contestable, alors que la Cour ne peut, en matière de référé, statuer que provisoirement » (1) ; mais la Cour d'appel, et le juge de première instance sont soumis aux mêmes règles de compétence pour les référés, et le pouvoir souverain de la Cour ne peut rien modifier à ces règles.

Le motif, tiré de ce qu'à la Cour, le provisoire peut devenir définitif n'est pas plus concluant, car le provisoire devient également définitif en première instance quand il n'y a pas d'appel (2).

Enfin, d'après un troisième système, la juridiction des référés est compétente pour statuer sur les dépens, soit en première instance, soit en appel. Ce système a été longuement exposé par Bertin (eod. loc.) qui résume ainsi son opinion :

« Il est équitable que celui dont les prétentions ont été repoussées par le juge des référés soit condamné à payer les frais que sa résistance a nécessités. La loi a, par une disposition générale et absolue, déclaré qu'il en serait ainsi dans tous les débats judiciaires ; l'article 130 du Code de procédure civile dispose que « toute partie qui succombe sera condamnée aux dépens ». La loi

(1) Bertin, n° 264.
(2) V. De Belleyme, t. 2, p. 397 ; Rousseau et Laisney, V° *Référé*, n° 224.

dit : toute partie ; pour que la partie qui succombe puisse échapper à la condamnation des dépens, il faut qu'elle justifie d'une exception écrite dans la loi ; cette exception n'existant pas pour les matières de référé, le Président doit condamner aux dépens la partie qui succombe. »

Bertin qui n'admet pas une condamnation à des dommages-intérêts admet donc une condamnation aux dépens. Or de deux choses l'une, ou bien le juge du référé ne peut prononcer aucune condamnation, ou il peut prononcer toute condamnation, mais il ne peut prononcer une condamnation dans un cas et pas dans un autre ; car, quoi qu'on dise, la question des dépens est le plus souvent subordonnée à l'appréciation de la question du fond, et celle-ci n'est pas de la compétence du juge des référés.

Cependant, il faut reconnaître que ce dernier système est éminemment pratique, et, à ce titre, mérite tout éloge : il ne force pas les parties à se lancer dans les frais d'un nouveau procès pour arriver au paiement des dépens de l'instance en référé. C'est pourquoi l'on comprend facilement qu'il ait été admis dans de nombreuses circonstances et notamment consacré par une ordonnance du Président du Tribunal civil de Sancerre en date du 23 novembre 1879 ainsi conçue : « Sur les dépens, les réservons ; mais attendu qu'il est possible qu'aucune instance principale ne soit ultérieurement engagée, qu'il est de principe que toute demande en référé constitue une instance à part, qui suit son cours indépendamment de la demande principale et que les condamnations aux frais sont prononcées par le magistrat saisi de la difficulté qui y a donné lieu ; que la disposition de l'article 809 du Code de procédure portant que les ordonnances sur référé ne préjudicient pas au principal n'a nullement pour effet de donner au juge du fond le droit exclusif de statuer sur les dépens ; que l'exercice de ce prétendu droit deviendrait même impossible dans le cas où la demande principale ne serait pas intentée, et qu'alors les parties seraient obligées de plaider pour savoir à qui incomberaient les dépens, résultat qui n'a pu entrer dans les intentions du législateur ; attendu enfin que les frais de référé ont été faits dans l'intérêt commun des parties. Disons qu'au cas où aucune instance ne serait introduite au principal, les dépens seront supportés par moitié par Guiblan et Ducoux (1). »

Dans un arrêt du 9 novembre 1870 (2), la Cour de Bourges avait décidé également que le Président pouvait statuer sur les dépens, pour éviter une nouvelle instance sur cette question ; en 1882 (3), la Cour de Bordeaux avait aussi statué de même.

Quoi qu'il en soit de la controverse sur les pouvoirs du juge des référés en matière de dépens, l'arrêt qui statue

(1) Douai, 18 juin 1845 ; Cass., 23 mars 1886, S. 86.1.357, note ; Bazot, p. 382 ; *Contrà* : outre Riom cité, Cass., 26 novembre 1884, *Gaz. Trib.*, 1884, p. 1155.

(2) S. 71.2.47 et D. 72.2.212.

(3) Bordeaux, 2 janvier 1882, *Gaz. Pal.* du 5 juin 1882.

en matière de référé peut valablement prononcer une
condamnation aux dépens, tant de première instance
que d'appel, contre une partie qui soit en première instance, soit en appel, a mal à propos contesté la compétence du juge des référés (1).

(1) Cass., 23 mars 1886, S. 86.1.357.

CHAPITRE III

DE LA CHOSE JUGÉE.

Le magistrat tenant l'audience des référés doit toujours se garder de trancher une contestation principale ; il peut seulement, au provisoire, lorsque l'intérêt des parties l'exige, autoriser des mesures ayant parfois des résultats pratiques définitifs.

Le grand principe posé au début de ce titre semble par suite être violé dans cette circonstance. Il n'en est rien : notre principe est sauvegardé par l'impossibilité, pour les intéressés, d'invoquer la chose jugée lors des débats au fond.

Que veulent donc dire exactement ces mots : Les ordonnances de référé ne produisent pas l'autorité de la chose jugée ?

Il semble inutile de dire que le juge des référés est lié par ses ordonnances, comme les juges des tribunaux de droit commun sont liés par leurs jugements (1) ; que son ordonnance une fois rendue est acquise aux parties, et ne peut être réformée que par l'appel (2). Mais il est non moins certain qu'au point de vue du pro-

---

(1) D. *Rép.*, V° *Référé*, n° 94 *in fine*.
(2) De Belleyme, t. II, p. 23 ; Paris, 12 nov. 1881, Rousseau et Laisney, 1882, p. 59.

cès principal, les droits que consacre une décision de
référé ont un caractère essentiellement provisoire et ne
peuvent être acquis aux parties que par le jugement
d'audience : c'est à la suite de celui-ci seulement que le
litige sera tranché d'une façon définitive, c'est alors
seulement qu'il y aura chose jugée (1).

De ce caractère essentiel de l'ordonnance découlent
certaines conséquences :

D'abord, l'ordonnance ne fait jamais obstacle, quoiqu'il n'en ait pas été interjeté appel, à une demande en
dommages-intérêts pour exécution d'une ordonnance
rendue contradictoirement aux droits des parties (2).

En second lieu, l'ordonnance ne crée jamais un droit
acquis. Ainsi il a été jugé (3) que le particulier autorisé, en référé, à faire, aux frais d'une commune, des
travaux urgents que plus tard le juge du principal a
déclarés ressortir de la compétence des tribunaux civils
n'est pas fondé à demander le remboursement du prix
de ces travaux, sous prétexte qu'ils auraient eu lieu en
vertu d'une ordonnance de référé passée en force de
chose jugée.

Le principal reste toujours entier, après toute instance en référé : « Les ordonnances sont essentiellement provisoires, disait le tribun Réal, elles ne pourront
être définitives que par un jugement d'audience » —

(1) Cass., 16 fév. 1885, S. 86.1.176 ; Cass., 25 nov. 1888, S. 91.1.155 ;
V. Griolet, p. 86. Contrà : Allard, p. 179.
(2) Cass., 4 nov. 1863, D. 64.1.35.
(3) Nancy, 31 août 1867, D. 68.2.150.

« d'où il suit qu'elles n'ont aucune influence sur le droit
des parties au principal et qu'on ne peut se prévaloir
contre l'une d'elles de ce qu'elle aurait exécuté sans réserves l'ordonnance rendue par le juge des référés » (1).

L'acquiescement donné à une ordonnance ne fait
donc que priver du droit d'interjeter appel, mais non
de faire statuer sur le principal (2).

Ajoutons que si les ordonnances de référé ne produisent pas l'autorité de la chose jugée, il en est de même
des arrêts rendus sur appel des dites ordonnances,
car ces décisions participent du même caractère (3).

L'absence de chose jugée est la conséquence la plus
importante de la nature provisoire des décisions de référé, mais non la seule. Ainsi encore, pour la même
raison, les assignations devant la juridiction du président n'interrompent pas la prescription (4) ; de même
les incapables peuvent se présenter en référé sans l'assistance des personnes désignées par la loi, et sans
remplir les conditions de forme qui peuvent être imposées (5) ; de même le recours en cassation, ou la tierce
opposition contre les ordonnances, n'est pas recevable (6) ; enfin, aucune caution n'est exigée des étrangers demandeurs (7).

(1) Carré et Chauveau, *Princ.*, art. 803.
(2) Paris, 31 janv. 1884 ; V. Bertin, nᵒˢ 380 et suiv. ; De Belleyme, t. I,
p. 430.
(3) Cass., 28 juin 1892, S. 93.1.415.
(4) V. *suprà*, p. 42 et suiv.
(5) V. *suprà*, p. 36 et suiv.
(6) V. *suprà*, p. 66 et 68.
(7) V. *suprà*, p. 37.

TITRE III

L'INSTANCE PROVISOIRE, POUR POUVOIR ÊTRE POR-
TÉE EN RÉFÉRÉ, DOIT ÊTRE L'ACCESSOIRE D'UNE
ACTION PRINCIPALE AYANT UN CARACTÈRE CIVIL.

CHAPITRE PREMIER

NÉCESSITÉ D'UN DÉBAT CIVIL.

Un débat civil, telle est encore une des raisons des
droits de juridiction du juge des référés. Le Président,
en sa qualité de représentant de la juridiction de première instance, n'a de pouvoirs contentieux qu'à l'é-
gard des litiges qui par leur nature doivent être soumis
à l'examen de la justice civile.

La généralité des termes de l'article 806 du Code de
procédure semble contraire à ce principe et indiquer
plutôt que le juge des référés est compétent pour ordonner des mesures provisoires même relatives à des contestations rentrant dans la compétence d'une autre juridiction que celle des Tribunaux civils.

Mais cette interprétation absolue serait contraire aux
principes de notre organisation judiciaire qui veut pour

chaque juridiction une attribution déterminée et distincte.

Du reste, pour soutenir qu'un pouvoir général a été accordé au Président du Tribunal en cas de référé, il faudrait un texte précis : or ni la rédaction, ni l'historique de l'article 806 n'expriment une pareille intention.

En effet, dans l'exposé des motifs du titre 16, livre 5, l'orateur du gouvernement, M. Réal, n'a parlé, comme pouvant donner lieu à des référés pour urgence, que des contestations rentrant dans la compétence des Tribunaux civils.

Le Président est incompétent par suite pour connaître des matières qui ressortissent de la compétence des juges de paix ; il est incompétent également pour connaître en référé des affaires commerciales ; il est incompétent enfin pour statuer en référé sur les questions administratives.

SECTION I. — **Affaires de justice de paix.**

La question de savoir si le Président est compétent pour juger les affaires de justice de paix urgentes s'est présentée pour la première fois devant la Cour de cassation le 18 décembre 1872. Voici quelle fut la teneur de l'arrêt rendu par cette dernière (1) :

« La Cour, vu les articles 806 et 807 du Code de procédure ;

(1) S. 73.1.153 et D. 73.1.129.

« Attendu que ces articles, placés sous la rubrique des référés, ne sauraient s'appliquer aux matières dont les juges de paix doivent connaître suivant la loi de leur institution ;

« Que pour ces matières, en effet, il a été particulièrement pourvu aux cas d'urgence par l'article 6 du même Code concernant les justices de paix ; que c'est cet article seul qui régit la procédure à suivre en pareil cas, et qu'il se borne à permettre alors une abréviation de délais ;

« Que le législateur n'a pas voulu ouvrir la voie du référé pour des contestations qui, ressortissant aux justices de paix, peuvent être vidées immédiatement et presque sans frais par le juge du fond ;

« Attendu qu'il s'agit dans l'espèce d'un prétendu dommage causé aux champs et récoltes par des animaux, et qu'aux termes de l'article 5, § 1 de la loi du 25 mai 1838, cette matière rentre dans les attributions exclusives des juges de paix, d'où il suit qu'en jugeant que le Tribunal civil avait pu compétemment ordonner une expertise, pour constater et évaluer le dommage dont il s'agissait, l'arrêt attaqué a faussement appliqué, et par conséquent violé les articles ci-dessus... Par ces motifs : Casse. »

Cette jurisprudence a été suivie généralement (1).

___

(1) Aix, 20 janvier 1873, D.76.2.68 ; Paris, 15 mars 1875, *Le Droit*, 1er mai 1875 ; Paris, 14 novembre 1884, *Gaz. Trib.*, 14 janvier 1885 et D. 86.2.80 ; Chambéry, 15 décembre 1885, S. 92.2.248 ; Bordeaux,

Avant l'arrêt que nous avons transcrit ci-dessus, et qui a consacré le principe de l'incompétence du Président dans les affaires de justice de paix, deux décisions avaient été rendues, l'une dans le sens de la Cour de cassation par la Cour de Lyon (1) ; l'autre par la Cour de Douai qui reconnaissait la compétence du juge des référés même dans les matières attribuées aux juges de paix (2).

La question, on le voit, a fait difficulté, et parfois encore est controversée.

La difficulté repose sur l'interprétation de l'article 806 du Code de procédure et de la loi du 25 mai 1838 : « Dans tous les cas d'urgence, dit l'article 806, le Président statuera. » Donc celui-ci renferme dans son domaine tous les intérêts civils nécessitant provisoirement une décision urgente, quelle que soit d'ailleurs la juridiction compétente pour statuer au fond.

Cette dernière théorie qui avait été admise par la Cour d'Amiens (3) a pour elle d'avoir été soutenue avec grande autorité par Bazot (p. 187 et suiv.) qui insiste particulièrement sur la généralité des termes de l'article 806, généralité d'autant plus saisissante que les

26 mai 1887, *Gaz. Pal.*, 1887, II, p. 315 ; Cass., 26 juillet 1887, *Gaz. Pal.*, 1887, II, p. 250 ; Orléans, 23 mars 1892, S. 93.2.257.

(1) Lyon, 26 juillet 1851, *Journ. arrêts de Lyon*, 1851, p. 369.

(2) Cour de Douai, 27 mai 1851. Chauveau sur Carré (quest. 2763 *quater*) cite deux arrêts qui approuvent celui de la Cour de Lyon. Dans le même sens, Rodière, t. 2, p. 308. — Bioche, 1885, p. 119, art. 5851, se range à la doctrine de la Cour de Douai.

(3) Amiens, 22 déc. 1869, D. 73.1.130.

mots qui suivent : « difficultés relatives à l'exécution d'un jugement » s'appliquent sans conteste aux jugements rendus par les juges de paix, qui insiste également sur la place qu'occupe dans le Code le chapitre des Référés, qui insiste enfin sur les avantages du référé, par rapport aux jugements de justice de paix.

Cette argumentation a donné lieu à de nombreuses critiques et peut facilement être réfutée.

L'argument tiré de la prétendue généralité de l'article 806 visant tous les cas d'urgence ne démontre absolument rien. Sur quoi en effet s'appuyer pour décider que ces mots doivent avoir à l'article 806 du Code de procédure une portée autre que dans l'article 6 du Code de procédure ainsi conçu : « Dans les cas urgents, le juge donnera une cédule pour abréger les délais et pourra permettre de citer même dans le jour et à l'heure indiquée » ?

Ajouter, comme le fait Bazot, que « la généralité de ces termes est d'autant plus saisissante que les mots qui suivent : difficultés relatives à l'exécution d'un jugement, s'appliquent sans conteste aux jugements rendus par les juges de paix » c'est faire purement et simplement une confusion. Les Tribunaux de paix sont des Tribunaux d'exception : or, pas plus que les Tribunaux de commerce, ils ne connaissent de l'exécution de leurs jugements (1) ; seuls les Tribunaux civils ont à statuer dans ces cas ; et, comme le Président du Tribunal suit

(1) V. Boitard, t. I, p. 752.

les mêmes règles de compétence que le Tribunal, à lui seul également appartient le droit de statuer sur les difficultés relatives à l'exécution de tous jugements de paix.

Quant à l'argument tiré de la place qu'occupe le titre des référés dans le Code de procédure, à la suite du titre consacré aux justices de paix, il ne prouve rien : le législateur, en consacrant un livre spécial aux justices de paix, a voulu régler, sans nul doute, sous ce titre, toute la procédure en cette matière.

Restent les objections les plus sérieuses : Les jugements rendus par les Tribunaux de paix ne possèdent pas les avantages des ordonnances de référé : ils n'ont pas leur rapidité, ils entraînent plus de frais qu'elles, ils ne peuvent porter la mention qu'ils seront exécutoires nonobstant appel, ils peuvent être sujets à opposition, ils peuvent entraîner un conflit de juridictions.

Ces objections que nous qualifions de plus sérieuses ne sont en réalité que spécieuses ; car, les avantages qu'on attribue aux ordonnances de référé existent pour les jugements des Tribunaux de paix.

La procédure devant ceux-ci est aussi rapide qu'en matière de référé : une cédule peut être délivrée par le juge de paix pour abréger les délais et permettre de citer dans le jour et à l'heure indiquée (Art. 6, C. pr. Conf. art. 808, C. pr.) ; audience peut être tenue les dimanches et jours de fête (Art. 8, C. pr. Conf. art. 808, C. pr.).

Les frais en justice de paix seront sûrement moindres

qu'en référé : il suffit d'examiner les tarifs spéciaux à chaque matière (V. décret 16 février 1807 ; art. 9 et 11, art. 21 et suiv.).

En vain insisterait-on ensuite en démontrant que l'inconvénient résultant de ce que les jugements de justice de paix sont susceptibles d'opposition et d'appel sans être comme les ordonnances de référé exécutoires par provision, n'est pas prouvé. Le danger n'existe-t-il pas plutôt dans ce que les ordonnances de référé ne sont pas susceptibles d'opposition ? Et si l'exécution provisoire est permise en tous référés, n'est-il pas plus logique pour le législateur, au lieu de s'en référer à l'appréciation du juge, d'avoir réglé dans un texte les conditions de l'exécution provisoire (Art. 11, loi 1838)?

La garantie, pour les parties, en admettant l'incompétence du Président pour les affaires urgentes de justice de paix, est bien plus forte, car, il faut toujours donner l'affaire provisoire en litige à la connaissance du juge du fond : « Il sera toujours préférable, déclare M. Boullanger, juge de paix à Paris, dans ses observations rapportées dans le recueil du *Journal du Palais*, en note de l'arrêt de la Cour de cassation du 18 décembre 1872, il sera toujours préférable, pour la bonne administration de la justice, de laisser, à moins de nécessité absolue, le juge du fond prescrire, s'il les considère comme utiles, ainsi qu'il le croira convenable, les mesures provisoires de l'exécution desquelles il devra plus tard connaître. Cela est particulièrement vrai lorsque,

comme il arrive le plus souvent, la mesure urgente
consiste dans une vérification, que le juge de paix est
saisi d'une action pour dommages aux champs ; d'abord
il est possible qu'en se rendant lui-même immédiatement sur les lieux, il parvienne à vider le différend et
à concilier les parties sans avoir besoin de recourir à
une expertise.

« Admettons, néanmoins, qu'il juge nécessaire d'ordonner l'expertise, d'une part, il en chargera des hommes en qui il aura confiance, ce qui, pour le jugement
du fond, lui donnera une grande sécurité ; d'autre part,
la loi lui permet d'assister à cette opération, elle l'en-
gage même à le faire, et l'expérience prouve que dans
la plupart des cas où le juge de paix se transporte sur
les lieux avec les experts, les différends se règlent sans
qu'il soit nécessaire de dresser le rapport.

« Dans le cas même où le dépôt du rapport devient
indispensable, on comprend à quel point la facilité
qu'aura eue le juge de suivre les opérations de l'expertise sera de nature à l'aider pour le jugement du fond.

« Tous ces avantages disparaissent, ou au moins sont
notablement amoindris, si l'expertise est ordonnée en
référé, prescrite par un juge autre que le juge de paix ;
cette expertise a lieu hors la présence du magistrat ; la
procédure suit dès lors, nécessairement, à travers toutes ses phases, le cours que lui assigne la loi générale
et se termine forcément par le dépôt d'un rapport, rapport dont l'expédition deviendra indispensable comme

élément du litige à soumettre, quant au fond, au juge de paix ; le tout à grands frais, tandis que, on le sait, les expertises ordonnées par le juge de paix n'entraînent que des frais très réduits.

« Nous parlions plus haut de l'inconvénient qu'il pouvait y avoir, en principe, à attribuer le droit de prescrire les mesures provisoires à une juridiction autre que celle qui devra juger le fond, ou tout au moins de l'avantage que présente, sauf les cas de nécessité absolue, le recours à une seule et même juridiction pour toutes les phases du litige. N'en est-il pas surtout ainsi lorsque le juge, seul compétent pour statuer au fond, se trouve, comme il en est du juge de paix à l'égard du Président représentant le Tribunal, inférieur à celui qui a connu le premier du débat au point de vue des mesures provisoires ? Le juge du fond, qui doit conserver toute la plénitude de son indépendance, peut trouver que les mesures provisoires ordonnées étaient, soit inutiles et sans influence possible sur l'issue finale du procès, soit incomplètes ; il peut avoir à apprécier jusqu'à quel point l'expertise prescrite par le juge supérieur a été régulièrement suivie et mise à fin ; de là des incidents de nature à créer une sorte d'antagonisme ou de conflit entre les deux juridictions dont l'une domine l'autre ; de là peut-être aussi, pour le juge inférieur, un trouble et une entrave à la parfaite appréciation de la vérité.

« Encore une fois, ces inconvénients, quels qu'ils

soient, il faudrait les subir s'il était impossible de les écarter sous peine de léser les intérêts que la loi et la justice ont pour devoir, avant tout, de sauvegarder. Mais dès qu'il est évident (et cela n'est pas douteux en matière de justice de paix) que le juge de paix peut être saisi avec autant et même plus de facilité, que le juge spécial, investi du pouvoir de parer aux cas d'urgence et de nécessité, maintenir l'existence des deux juridictions dont l'une commencera ce que l'autre sera chargée de terminer, c'est évidemment aller contre le but de la loi, contre l'intérêt des parties, en les soumettant forcément aux frais d'une double procédure, et risquer de nuire à la bonne administration de la justice (1). »

SECTION II. — **Matières commerciales.**

Il est généralement admis en doctrine et en jurisprudence que le Président du Tribunal civil est incompétent pour statuer en référé sur les matières commerciales (2).

Avant que la Cour de cassation ait été appelée à statuer en cette matière difficile (3) et avant qu'elle eût ainsi fixé définitivement la jurisprudence (4), les Cours

(1) V. De Belleyme, t. I, p. 388 et 397 ; Rodière, t. 2, p. 387.

(2) Bertin, t. II, nᵒˢ 211 et suiv. ; De Belleyme, t. I, p. 388 ; Rodière, t. II, p. 387 ; Lyon-Caen et Renault, t. I, nᵒ 419 *bis* ; Sourdat, *Dissertation (Journ. Palais*, 1875, p. 1128). — *Contra* : Boitard, t. II, p. 523 ; Bazot, p. 181 ; Lebre, *Dissertation*, Rousseau et Laisney, 1888, p. 482.

(3) Civ., 1ᵉʳ déc. 1880, S. 81.1.147.

(4) Paris, 2 janv. 1883, D. 83.2.141 ; *La Loi*, 14 janv. 1883, 9 mars

d'appel ont à cet égard rendu des décisions diverses. Celles mêmes qui paraissent opposées à la compétence du tribunal civil lorsqu'il s'agit de matières commerciales, diffèrent encore entr'elles en ce que les unes jugent explicitement qu'il n'y a pas de référé en matière commerciale (1), tandis que d'autres semblent admettre que la juridiction du référé doit dans ce cas être exercée par le président du Tribunal de commerce (2). Au contraire la Cour de Rouen (3) a déclaré d'une manière générale le juge des référés compétent pour connaître, en cas d'urgence, des contestations commerciales. Enfin les Cours de Nancy (4) et de Douai (5) reconnaissent au Président du Tribunal civil le droit de statuer en référé, même dans les matières dont le jugement au principal appartient à des juges d'exception, tels particulièrement que des arbitres forcés (6).

1883, D. 84.2.66, S. 84.2.102, *La Loi*, 8 avril 1883 ; 5 mai 1888, D. 88.5.415 ; 9 août 1892, D. 93.2.220 ; 9 mai 1893, D. 93.2.337 ; Grenoble, 23 février 1894, D. 95.2.66 ; Bordeaux, 25 juil. 1895, S. 95.1. 333 ; Cass., 24 déc. 1895, D. 95.1.180.

(1) Toulouse, 29 nov. 1832, D., *Rép.*, Vº *Référé,* nº 158; Aix, 20 janv. 1872; Amiens, 26 mai 1875, D. 76.2.68.

(2) Paris, 12 déc. 1843, D., *Rép.*, Vº *Référé*, nº 227-3º; 26 janv. 1861, D. 61.2.158.

(3) Rouen, 3 déc. 1867, D. 68.2.226.

(4) Nancy, 6 juil. 1850, D. 51.2.112 et S. 51.2.15.

(5) Douai, 20 janv. 1852, D. 53.2.54 et S. 52.2.238.

(6) En examinant de près ces décisions l'on voit qu'elles se rapportent toutes à des difficultés entre associés survenues à une époque où de pareilles contestations devaient être jugées au fond par des Tribunaux arbitraux. La juridiction de ces Tribunaux entraînant forcément des lenteurs l'on comprend que pour éviter des retards funes-

En résumé, trois systèmes ont été soutenus : l'un, reconnaît au Président du Tribunal civil le droit de connaître en référé des affaires commerciales (Bazot, p. 182 et suiv.) ; l'autre dénie ce droit (Généralité des auteurs) ; enfin, un dernier d'après lequel il appartiendrait au Président du Tribunal de commerce de tenir des audiences de référé, pour les cas d'urgence (Bertin, p. 150 et suiv.).

Nous ne discuterons pas à fond la portée de ces diverses théories, et nous ne réfuterons pas point par point les divers arguments qui ont été mis en avant par leurs défenseurs.

Nous nous bornerons purement et simplement à résumer les grandes lignes des deux systèmes opposés au nôtre que nous développerons ensuite, et à montrer leur faiblesse.

1er *système. — Exposé.* — « Pour soutenir que le juge des référés ne saurait connaître même en cas d'urgence et provisoirement des affaires qui sont de la compétence des Tribunaux de commerce, dit Glasson (1), on fait remarquer que la procédure de ces juridictions est aussi prompte que celle des référés et qu'elle a sur celle-ci l'avantage du définitif sur le provisoire. Cette solution

tes, on ait reconnu au Président du Tribunal civil le droit d'ordonner en pareil cas, des mesures d'urgence. La raison impérieuse qui justifie ces décisions a disparu depuis la loi du 17 juillet 1850, supprimant l'arbitrage forcé, et on ne saurait, par conséquent, y attacher trop d'importance.

(1) Note sous arrêt Paris, 2 janvier 1883, D. 83.2.141.

conduit pourtant à des résultats parfois assez bizarres.
En organisant la procédure propre aux affaires commerciales, la loi est partie de cette idée fort juste que les
procès de cette nature requièrent célérité et doivent être
jugés rapidement. Les affaires civiles requérant célérité
jouissent elles-mêmes de certaines faveurs qu'il est inutile de rappeler, et s'il y a urgence, la loi leur ouvre
même la voie du référé. N'est-il pas étrange de refuser
ce bénéfice aux affaires commerciales qui en ont tout
particulièrement besoin ? En vain dirait-on que la procédure commerciale offre les avantages des référés. Ce
serait là une bien grave erreur, et, sans relever dans un
parallèle complet toutes les différences qui séparent ces
deux procédures, nous en signalerons deux fort impor-
tantes : les ordonnances de référé par défaut ne sont pas
susceptibles d'opposition, tandis que les jugements par
défaut rendus en matière commerciale sont susceptibles
de cette voie de recours qui arrête leur exécution ; les
ordonnances de référé sont exécutoires par provision
sans caution, tandis que l'exécution provisoire des jugements commerciaux est en principe subordonnée à la
nécessité de fournir caution. Enfin, il est certain que
les ordonnances de référé sont exécutoires sur minute,
tandis que la question est tout au moins douteuse pour
les jugements commerciaux ».

Réfutation. — La principale force de ce système est
de soutenir que le juge des référés possède des avantages au point de vue de la célérité que n'a pas le

Tribunal de commerce, et d'énumérer les différences.

Mais cette comparaison est plutôt défavorable aux partisans du système de M. Glasson : on oppose d'abord que les ordonnances de référé sont exécutoires par provision (art. 809, C. pr.) ; mais il en est de même de tous les jugements rendus par les Tribunaux de commerce (art. 439, C. pr.). A la vérité l'exécution provisoire des ordonnances de référé a lieu sans caution si la procédure n'ordonne pas qu'il en soit donné une, tandis que l'exécution sans caution des jugements des Tribunaux de commerce n'a lieu que lorsqu'il y a titre non attaqué ou condamnation antérieure, dont il n'y a pas d'appel (art. 439, C. pr.), mais le Tribunal n'est pas tenu d'ordonner que la caution sera fournie dans tous les autres cas, puisqu'il suffit, pour que l'exécution se poursuive sans caution que la partie justifie d'une solvabilité suffisante, ce qui est un fait que le juge peut apprécier et déclarer même par son jugement.

Le juge du référé peut ordonner l'exécution de l'ordonnance sur minute en cas d'absolue nécessité (art. 811, C. pr.). Mais la loi n'interdit pas aux Tribunaux civils et de commerce de prendre une décision semblable, si les circonstances la justifient. C'est un point constant en jurisprudence (1).

Bref, si l'on veut pousser la comparaison, tous les avantages seraient en faveur des Tribunaux de com-

(1) Req., 27 janvier 1858, D. 58.1.158 ; 2 décembre 1861. D. 62.1. 463 ; 3 avril 1872, D. 73.1.25 ; D. C. An. Pr., art. 811 n°⁵ 6 et suiv.

merce devant qui il n'y a presque pas de frais, devant
qui les délais sont très courts, devant qui les parties ne
sont pas tenues de constituer avoué, devant qui il n'y
a ni communication de pièces, ni qualités, ni aucune
de ces formes de procédure inévitables souvent en
matière de référé, devant qui enfin sont prévues toutes
les formalités nécessaires aux cas urgents (V. art. 51,
106, 151 et 152, 192 n° 3, 233, 243, 246, 417, 452 et
453, 606, 607 et 609, C. com.).

2ᵉ *système*. — Ce système en vertu duquel le Président du Tribunal de commerce peut tenir des audiences
de référé pour les cas d'urgence en matière commerciale, a été soutenu avec une grande autorité par Bertin (p. 150 et suiv.).

Pour lui, la loi n'exige qu'une seule condition, à
savoir que les référés soient jugés par le Président du
Tribunal de première instance ; or le Président du Tribunal de commerce est Président d'un Tribunal de
première instance : donc il lui appartient de statuer en
état de référé : « Ceux qui soutiennent qu'il est incompétent pour connaître en matière de référé ajoutent à la
loi une seconde condition qui ne s'y trouve pas en ins-
crivant à la suite de ces expressions « Président du Tribunal », le mot « civil » qui ne s'y rencontre pas. »

La thèse de Bertin ne s'appuie sur aucun arrêt, et
n'a sa base que sur une interprétation littérale et forcée
du texte de la loi. Du reste elle ne mérite pas grande
attention, Bertin s'appuyant pour soutenir l'incompé-

tence en matière de justice de paix sur des motifs tout opposés et contradictoires avec ceux par lui présentés en matière commerciale.

3ᵉ *système*. — Notre système reste donc absolument intact : il se justifie d'abord par les principes qui président à l'organisation des compétences judiciaires, et en second lieu par l'ensemble des textes du Code de procédure et du Code de commerce spéciaux à la juridiction des Tribunaux de commerce et au mode de procéder devant eux. D'abord, c'est un principe parfaitement rationnel qui se traduit ainsi : « La compétence du juge des référés repose sur le même principe que celle des Tribunaux ordinaires et par conséquent dans le cas où à raison de la matière la connaissance de la cause appartient à une autre juridiction, son incompétence est aussi absolue sur le provisoire que sur le principal (1). » Le législateur donc ayant fait à chaque juridiction le partage des matières comprises dans ses attributions légitimes, cette répartition pour être réelle et complète, doit porter non seulement sur la décision finale du litige, mais encore sur les mesures d'urgence, de constat et d'instruction jugées nécessaires au cours de l'instance ou avant son introduction devant les juges compétents.

L'incompétence du juge des référés en matière commerciale étant ainsi établie, reste pour nous à rechercher quelle est la nature de cette incompétence ? Est-

(1) Civ., 13 juil. 1871, D. 71.1.83.

elle absolue et d'ordre public, pouvant être opposée en tout état de cause et même d'office ? Est-elle au contraire simplement relative, opposable seulement *in limine litis* ?

La jurisprudence est divisée sur la question ; spécialement, les différentes Chambres de la Cour de Paris sont en désaccord sur la solution qu'il convient de lui donner (1).

Les auteurs eux-mêmes sont hésitants. C'est ainsi que la plupart de ceux qui admettent l'incompétence du juge des référés en matière commerciale proposent pour décider de la nature de cette incompétence le critérium suivant : à leurs yeux la question comporte la même solution que celle relative à l'incompétence du Tribunal civil lui-même pour les affaires commerciales ; c'est dire que l'incompétence du Président du Tribunal civil pour statuer en référé sur les matières commerciales, n'est point absolue, car il est admis généralement tout au moins par la jurisprudence que l'incompétence du Tribunal civil pour connaître des procès commerciaux est relative (2). Mais Lyon-Caen et Renault (t. I, n° 419 *bis*) n'hésitent pas à repousser cette argumentation et la solution à laquelle elle conduit : « Selon la jurisprudence, déclarent ces auteurs, l'incompétence du Tribu-

---

(1) Caractère absolu : Paris, 7e ch., 9 mai 1893, D. 93.2.337 et *Gaz. Trib.*, 2 août 1893. Sens contraire : 1re ch., 19 janv. 1880, 1er avril 1881 ; 4° ch., 28 janv. 1893, D. 93.2.337 et 19 janv. 1882, S. 83.2.127.

(2) D., *Rép.*, V° *Compétence commerciale*, n° 20 ; *Sup. eod. v°*, n° 7 et autorités citées ; Glasson, *Revue critique*, 1881, p. 235 ; Lyon-Caen et Renault, t. I, n° 382 ; Req., 15 mai 1876, D. 76.1.376 ; 17 juin 1884, D. 84.1.146 et D. 85.1.392.

nal civil pour connaître des procès commerciaux est relative. Il pourrait sembler que la même solution doit être donnée pour l'incompétence du Tribunal civil appelé à statuer en référé sur les affaires commerciales. Il paraît plus exact d'admettre qu'il y a incompétence absolue. En effet, il ne s'agit pas d'une contestation pour laquelle le Président du Tribunal de commerce est compétent à l'exclusion du Président du Tribunal civil, mais d'une contestation pour laquelle aucune juridiction n'est compétente par cela même que nos lois n'admettent pas le référé en matière commerciale (1). »

Pour terminer, et afin d'être complet, nous devons citer la partie du projet de loi portant revision des Titres 1 à 25 du Livre II du Code de procédure et du Titre 16 du Livre V présenté à la Chambre des Députés au nom de M. Carnot, Président de la République française, par M. Antonin Dubost, Garde des Sceaux.

L'article 1er du projet qui correspond à l'article 806 du Code actuel dit qu'il y aura lieu à référé « en matière civile ou commerciale ». Cette mention des affaires commerciales n'existe pas dans l'article 806 ; la procédure des référés applicable au civil doit a fortiori s'étendre aux affaires commerciales qui exigent en général plus de célérité que toutes autres. Mais qui sera juge du ré-

(1) Dalloz (Rép., V° Référé, n° 225) déclare que l'incompétence du juge de référé pour statuer sur une contestation que la loi ne lui a pas attribuée est absolue et ne peut être proposée pour la première fois en cause d'appel.

féré en ces matières ? On a cru devoir admettre que ce
serait comme au civil le Président du Tribunal civil ou
un juge civil le remplaçant (article 2). Pour juger en référé il est nécessaire en effet d'avoir une connaissance
approfondie du droit, et cette attribution ne pouvait être
donnée qu'à un magistrat de profession.

SECTION III. — Matières administratives.

« Un principe domine, à mon avis, toute l'affaire, disait M. le Procureur général Baudoin, en développant
ses conclusions dans une affaire soumise à la Cour de
Limoges (13 août 1888, D. 89.2.58), c'est que le juge
du référé ne peut pas connaître, plus qu'aucune autre
juridiction civile, des matières administratives exclusivement réservées aux juridictions administratives.
Longtemps contesté avec ardeur, il est aujourd'hui admis presque sans dissidence. En vain a-t-on prétendu
que la compétence du juge du référé était absolue ; que
sa juridiction, ne s'exerçant que par mesures provisoires, avait dans cette sphère un caractère de plénitude ;
qu'elle s'imposait par la nécessité de prévenir de graves
inconvénients souvent irréparables ; qu'elle ne compro-
mettait aucun droit puisqu'elle réservait aux juridictions compétentes les solutions définitives (Thiercelin,
Revue pratique, t. 3, p. 133 et t. 4, p. 92). On a fort
exactement répondu que le principe des pouvoirs do-
minait tout ; que le juge du référé est essentiellement

une autorité judiciaire fonctionnant hiérarchiquement sous le contrôle de la Cour d'appel ; que, par suite, on ne peut le soustraire à l'empire des règles qui gouvernent toute autorité judiciaire sans se mettre en contradiction avec toute la législation qui interdit à toute autorité judiciaire, à peine de forfaiture, de troubler de quelque manière que ce soit les opérations des corps administratifs, et de les citer devant elle pour raison de leurs fonctions (L. 16-24 août 1790, tit. 2, art. 13) ou de connaître des actes d'administration de quelque espèce qu'ils soient (L. 16 fruct. an III). Le juge du référé n'ordonne sans doute que des mesures provisoires ; mais n'en est-il pas de même des tribunaux ordinaires lorsqu'ils ont à prescrire des mesures du même genre, et pourrait-on sérieusement soutenir leur compétence sur un acte d'administration en invoquant ce caractère provisoire de leur décision ? De plus si la mesure est provisoire, l'effet est immédiat et paralyserait les actes de l'administration. Où mènerait d'ailleurs le système contraire ? Le juge ne peut rester simple spectateur du dommage qu'il constate : il doit y remédier autant que possible ; il faudra donc qu'il puisse prescrire l'interruption, la suppression des travaux ordonnés administrativement. Ne serait-ce pas là l'immixtion la plus caractérisée et la plus interdite (conf. Bazot, p. 194) ! Il semble inutile d'indiquer à ce sujet toute la jurisprudence dont les monuments sont maintenant si nombreux que l'intimé, sans contester le principe ainsi consacré, se borne à le dire inapplicable. »

Incompétence du juge des référés pour statuer par provision dans les matières où le jugement du fond appartient non au Tribunal dont il fait partie, mais à l'autorité administrative : telle est la décision de la jurisprudence (1).

En présence de l'unanimité et de la constance de la jurisprudence à proclamer l'incompétence du juge des référés en matière administrative, les divers systèmes proposés par les auteurs et consacrés parfois même par des arrêts n'ont plus qu'un intérêt historique, et nous nous bornerons à les énumérer et à les discuter sommairement :

Premier système. — Le Président du Tribunal est compétent pour statuer en référé, en cas d'urgence, sur toute contestation, même appartenant par sa nature à la juridiction administrative.

M. Thiercelin qui a soutenu ce système (2) présente les arguments suivants que nous avons réfutés par avance et en discutant la compétence du juge des référés en matière commerciale et de justice de paix et en retraçant les conclusions de M. Baudouin :

1° Le juge des référés n'empiète pas sur le pouvoir administratif, attendu qu'il ne tranche qu'une question urgente par une mesure provisoire, ne faisant aucun

_____

(1) Trib. Conflits, 12 fév. 1881, D. 81.3.81 ; 23 janv. 1888, D. 89.3.39 et 87, S. 90.3.4; 13 déc. 1890, D. 92.3.58 ; Alger, 9 fév. 1881, D. 82.2.16, S. 81.2.52 ; Orléans, 4 juillet 1882, D. 83.2.56 et S. 83.2.136 ; Limoges, 13 août 1888, D. 89.2.57.

(2) V. *Revue pratique*, t. III, p. 433 et t. IV, p. 92.

préjudice au principal, qu'il ne fait que prévenir le désordre d'une voie de fait ;

2° Invoquer le principe de la séparation des pouvoirs, c'est de la « fantasmagorie ». Du reste il est observé puisque l'on réserve aux tribunaux administratifs l'appréciation définitive du litige.

3° Enfin tout autre système présente de nombreux inconvénients, puisqu'il n'y a pas de référé spécial en matière administrative. Dans ce sens, arrêt de la Cour de Lyon du 19 mai 1857 (1).

Deuxième système. — Le juge des référés est compétent pour prescrire des actes d'instruction, tels qu'un rapport d'experts, dans le but de constater un dommage imminent ; mais il est incompétent pour ordonner des mesures conservatoires.

Dalloz (au mot: *Référé, in fine*) se range à cette opinion qui, dit-il, protège et conserve tous les droits et laisse intact le principe de la séparation des pouvoirs et la discute ainsi :

« L'argument reproduit par les arrêts qui déclarent le juge des référés incompétent est celui-ci : aux termes de l'article 4 du décret du 28 pluviôse an VIII, les conseils de préfecture sont seuls compétents pour statuer sur les réclamations des particuliers qui se plaignent du dommage que leur a causé l'exécution des travaux prescrits par des agents de l'administration ; donc c'est à

(1) S. 58.2.305.

l'autorité administrative qu'il faut s'adresser à l'effet d'obtenir les expertises nécessaires pour constater le dommage.

« Cette proposition est-elle exacte en thèse générale ? La question est de savoir si, pour le cas d'urgence, il n'y a pas été fait exception ; or, tout le monde reconnaît que l'exception existe alors qu'il s'agit d'une affaire qui appartient soit à la juridiction correctionnelle soit à la juridiction commerciale ; pourquoi n'en serait-il pas de même en matière administrative, lorsqu'aux cas d'une extrême urgence, d'un péril imminent, il y a nécessité de procéder à un constat de l'état des lieux ?

« Ce procédé est d'autant plus nécessaire que les jurisconsultes s'accordent à reconnaître qu'il n'existe pas de référé en matière administrative (1).

« Les mesures urgentes ne peuvent, en effet, être ordonnées utilement que par le magistrat qui est tous les jours, à toute heure, au Palais de Justice, à la disposition des justiciables. Le référé est impossible alors qu'il s'agit de la justice administrative qui est représentée par le conseil de préfecture, siégeant rarement et à de longs intervalles.

« Il est donc indispensable que, dans les matières administratives comme dans les matières civiles et commerciales, le justiciable puisse s'adresser au magistrat institué par la loi pour pourvoir aux mesures urgentes. »

(1) V. Dufour, t. II, n° 63; de Sérigny, t. II, n° 916; arrêté du Conseil d'Etat, 12 avril 1838. Aff. Fessin.

M. Bertin, qui avait d'abord soutenu cette thèse dans les numéros du 23 mars et 12 juin 1857 du journal *Le Droit*, est complètement revenu sur sa décision dans son ouvrage sur les *Ordonnances sur référé* (1) où il déclare le juge civil complètement incompétent pour connaître d'un référé qui se rattache à des faits appartenant à la juridiction administrative et ce pour deux raisons :

1° L'application du principe qui place entre la juridiction civile et la juridiction administrative des barrières infranchissables justifie cette incompétence ;

2° L'acte conservatoire ou le constat sollicité par une partie ne le sont que parce que la partie intéressée estime que ce qu'elle demande au juge des référés peut et doit avoir une influence sur la solution à donner par les juges du débat administratif: or un magistrat civil ou commercial ne peut intervenir en quoi que ce soit dans les mesures préliminaires d'un procès qui doit être déféré à la juridiction administrative.

A ces raisons présentées par M. Bertin, nous pourrions ajouter les suivantes pour justifier notre principe :

1° Le législateur n'a pas laissé les particuliers lésés sans moyens pour faire constater le dommage ou pour faire subir leurs droits en matière administrative lors des cas d'urgence (2).

(1) V. Bertin, p. 137.
(2) V. article 3, loi 29 floréal an X ; article 67 du règlement du 21 décembre 1839 ; article 50, loi 21 avril 1810 ; article 56, loi 16 septembre 1807 ; loi 5 avril 1884 et circulaire ministérielle, articles 90 à 98, S. 84.5.607 ; article 73, loi 1808.

2° Les inconvénients pratiques que peut présenter la jurisprudence actuelle et contre lesquels se sont élevés surtout les défenseurs des autres systèmes sont du reste fortement atténués depuis que le droit de faire procéder à toutes constatations urgentes dans les mêmes conditions que le juge des référés est reconnu au conseil de préfecture par le Conseil d'Etat (1).

La seule difficulté qui pourra se présenter consistera pour le juge du référé à déterminer les conditions dans lesquelles il devra appliquer le principe posé au début de ce paragraphe. M. de Sérigny (2) a nettement formulé la règle qui doit servir de critérium : « Toutes les fois que l'autorité judiciaire sera compétente sur le fond d'une contestation se rattachant à des travaux publics ou autres actes d'administration, le Président pourra en cas d'urgence prononcer provisoirement sur les difficultés : il devra s'abstenir si le fond de la difficulté appartient à l'autorité administrative. Ainsi le juge des référés est-il saisi d'une demande en nomination d'experts à l'effet de faire évaluer les dommages résultant de travaux publics et décline-t-on sa compétence, il lui suffira, avant de statuer sur la déclaration, d'ordonner une expertise ayant pour objet de rechercher en fait, s'il s'agit de dommages ordinaires causés à une propriété par les travaux en question ou si ces travaux n'ont pas le caractère d'un empiétement sur un

(1) V. Conseil d'Etat, 28 mai ; 11 juin ; 6 août 1886, D. 87.3.109.
(2) V. de Sérigny, *Compétence administrative*, n° 976.

terrain non exproprié pour cause d'utilité publique (1).

(1) Ordonnance du Président du Tribunal civil d'Alger, 31 octobre 1893, *J. Av.*, t. 98, p. 469. Ordonnance du Président du Tribunal civil d'Alais, 8 mai 1895, *J. Av.*, t. 120, p. 429 ; Rennes, 12 décembre 1881, S. 83.2.11, D. 82.2.197.

Application de ce principe en matière d'expropriation pour cause d'utilité publique : Dijon, 10 août 1858, S. 59.2.375 ; Conseil d'Etat, 11 avril 1863, D. 63.3.39 ; Caen, 24 juin 1867, S. 68.2.226 ; Conflits, 11 mai 1877, D. 77.3.66 ; Cass., 22 juillet 1879, D. 80.1.175 ; — en matière de travaux publics : Conseil d'Etat, 11 juin 1868, S. 69.2. 189 ; Cass , 17 novembre 1868, S. 69.1.61 ; Conseil d'Etat, 12 mai 1872, S. 74.2.94 ; Cass., 12 février 1873, S. 73.1.210 ; Conflits, 7 mars 1874, S. 74.2.261 ; Orléans, 4 juillet 1882, S. 83.2.136 ; Amiens, 26 août 1884, *Rec. Amiens*, 1885,126 ; — en matière d'interprétation des contrats : Trib. conflits, 11 janvier 1873, S. 75.2.323 ; — en matière d'enseignement et de congrégation : Trib. conflits, 28 décembre 1878 et 11 janvier 1879, D. 79.3.65 ; Nancy, 6 décembre 1879, D. 81.2. 167 ; Conflits, 18 mars 1882, D. 83.3.84 ; Conflits, 27 janvier 1883, S. 85.3.2 ; Cass., 2 mars 1886, *La Loi*, 4 mars 1886 ; — en matière de mesures diverses ; Cass., 22 juillet 1879, D. 80.1.175 ; Conseil d'Etat, 7 août 1863, D. 64.3.12 ; Cass., 16 décembre 1878, D. 79.1.119 ; Alger, 3 février 1881, *Palais*, 81, p. 318 ; Angers, 30 mars 1871, S. 71.2.262.

CHAPITRE II

En aucune matière il ne peut être dérogé à l'ordre des juridictions et le Président du Tribunal civil ne peut s'attribuer des droits de compétence dont une autre autorité judiciaire a été investie par un acte formel. Ainsi que le dit Chauveau (1): « Le juge des référés commet un excès de pouvoirs toutes les fois que, sous prétexte d'urgence ou d'intérêt des parties, il substitue une marche arbitraire à celle indiquée par la loi, qu'il soumet à sa juridiction des cas dont la loi réserve la connaissance aux Tribunaux ordinaires (2). »

Étudiant la compétence, de Belleyme (3) formule en passant cette même idée « que le Président doit se déclarer incompétent... si la loi attribue la connaissance de la difficulté à une autre autorité ». Déjà le tribun Réal disait : « Il ne s'agit plus que de coordonner cette institution au système général... » Enfin Bazot (4) cite un arrêt de la Cour de Montpellier qui proclame que

(1) Chauveau, *quest.* 2754.
(2) Cf. Dalloz, *Rép.*, V° *Référé*, n° 205.
(3) De Belleyme, t. I, p. 388.
(4) Bazot, p. 338.

« le pouvoir donné par les articles 806 et 807 du Code de procédure aux Présidents des Tribunaux de première instance de statuer en audience de référé, dans les cas d'urgence ou sur les difficultés relatives à l'exécution d'un titre exécutoire ou d'un jugement déclaré tel, cesse nécessairement lorsque la matière qui fait l'objet du référé a été placée par une disposition spéciale de la loi dans les attributions d'une autre juridiction » (1) et il ajoute que « lorsque le législateur, après avoir prévu diverses situations a avisé aux moyens d'y pourvoir et a indiqué une juridiction autre que celle du juge des référés, il y a attribution de juridiction ».

La règle est donc certaine. Le juge des référés ne peut, s'appuyant uniquement sur l'article 806 du Code de procédure, déroger aux prescriptions de la loi et se reconnaître une compétence quelconque dans les contestations même provisoires, que le législateur a cru devoir entourer de garanties spéciales et conférer à des autorités judiciaires formellement indiquées.

C'est ainsi qu'il ne pourrait contrevenir aux articles 497 C. c. (2) ; 798 C. c. (3) ; 1008 C. c. (4) ; 2157 et 2160 C. c. ; 457 C. pr. (5) ; 477 C. pr. (6) ; 567 C. pr. :

(1) Montpellier, 11 déc. 1841, *Journ. Pal.*, 1842, II, p. 684.
(2) Bordeaux, 28 avril 1879, *Journ. Pal.*, 1880, p. 828 et J. *Av.*, t. 104, p. 464.
(3) *Contrà* : D., *Rép.*, V° *Référé*, n° 121.
(4) Paris, 18 mai 1850, D. 54.5.638.
(5) V. Bazot, p. 338.
(6) Paris, 2 janvier 1883, D. 83.2.141. — *Contrà* : Ordonnance

608 C. pr. (1); 617 C. pr. (2); 661 C. pr. (3); 718 à 748
C. pr. ; 776 C. pr. (4); 815 C. pr. (5); 847 C. pr. (6);
878 C. pr. (7); 977 C. pr. ; 466 C. comm. (8); 486 C.
comm.(9); en général en toutes matières de faillite (10),
article 22 de la loi du 25 ventôse an XI (11), etc., etc.
Ces exemples sont nécessairement incomplets, mais ils
démontrent que l'on repousse l'intervention du juge des
référés dans toutes les espèces où le litige même provisoire et urgent est déféré, par un texte précis, à l'examen d'un juge déterminé.

de la Seine, 5 septembre 1872, *Journ. Pal.*, 72, p. 1218 ; Orléans,
16 juillet 1887 (Rousseau, 1887, p. 343).

(1) Paris, 7 novembre 1885, D.86.2.75. — *Contrà*: Paris, 21 mars
1885, D. 86.2.95 ; Paris, 25 mai 1887, *Gaz. Trib.*, 1887, p. 517.

(2) Amiens, 13 mai 1882, *Gaz. Pal.*, 1882-83, I, p. 284.

(3) Caen, 6 mai 1864, *Journ. Pal.*, 1864, p. 796.

(4) Lyon, 11 avril 1872, D. 75.2.76.

(5) D., V° *Référé*, n° 205.

(6) V. Bertin, n° 1198 et suiv.

(7) *Contrà*: D., *Rép.*, V° *Sép. de corps*, n° 153.

(8) *Contrà*: de Belleyme, II, p. 398.

(9) Paris, 4 janvier 1849, D. 49.5.194, S. 49.2.155.

(10) Lyon, 26 août 1853, D. 55.2.318 ; Paris, 6 mai 1867, S. 68.2.
53.

(11) Paris, 27 août 1872, D. 75.2.76.

TITRE IV

LE PRÉSIDENT PEUT ÉTENDRE SA COMPÉTENCE ET LES PARTIES FORMER DEVANT LUI UN CONTRAT JUDICIAIRE.

De même que les parties, ainsi que nous le verrons, peuvent étendre la compétence du Président en formant devant lui un contrat judiciaire, de même le Président peut lui-même étendre sa compétence en dehors des cas d'urgence et ce, en insérant dans la formule de ses ordonnances rendues sur requête la réserve de lui en référer en cas de difficultés.

CHAPITRE PREMIER

DE LA RÉSERVE D'EN RÉFÉRER (1).

Dans l'ordonnance sur requête qui autorise une mesure conservatoire, le Président peut toujours mentionner qu'il lui en sera référé en cas de difficultés. Cette insertion d'une réserve de référé se présente dans de nombreuses circonstances que nous étudierons en détail dans la quatrième partie (2). En ce chapitre, nous nous bornerons à étudier la validité et l'importance d'une semblable clause et pour cela nous examinerons plus spécialement la matière de la saisie-arrêt où elle se présente le plus ordinairement.

L'article 558 du Code de procédure permet au créancier qui n'est muni ni d'un titre authentique ni même d'un acte privé de saisir-arrêter dans les mains des débiteurs de son débiteur en vertu d'une permission du juge obtenue sur requête. Cet article permet donc que sans débat contradictoire, sans contrôle, un créancier frappe d'indisponibilité des sommes qui reviennent

---

(1) La clause de la réserve de référé se trouve dans une ordonnance rendue par le Lieutenant civil du Châtelet et rapportée par Pigeau, t. II, p. 349. Elle est ainsi conçue : « Permis de saisir-revendiquer tels effets ; et, en cas de refus, d'ouverture des portes ou d'opposition aux perquisitions, il nous en sera référé. »

(2) V. *infrà*, p. 228 et suiv.

à son débiteur, alors qu'elles constituent peut-être les
seules ressources de ce dernier, alors que les motifs
allégués sont peut-être hasardés. Ces conséquences ont
ému avec juste raison les magistrats et les auteurs.
Aussi ont-ils cherché en droit le moyen d'y remédier.
De Belleyme le premier, s'inspirant de quelques dispositions du Code de procédure et notamment de l'article 829, autorisa le recours en référé contre une ordonnance de saisie-arrêt : il ajouta à ses autorisations de
saisir-arrêter la réserve qu'il lui en serait référé en cas
de difficultés.

En fait, cette réserve est d'une incontestable utilité ;
mais peut-elle se justifier en droit, étant donné que le
Président du Tribunal jouit d'un pouvoir discrétionnaire en matière de juridiction gracieuse et rend en
somme des décisions qui ne sont susceptibles d'aucun
recours ?

La légalité de la réserve de référé inscrite dans l'autorisation présidentielle a été d'abord contestée (1).
Suivant Bertin, toute réserve est inopérante, mais il
considère la permission de saisir-arrêter comme un
titre spécial dont est muni le créancier et admet que
si l'exécution de ce titre soulève des difficultés, le
Président siégeant en référé peut, conformément à l'article 806 du Code de procédure civile, statuer sur ces difficultés comme il statuerait sur l'exécution d'une saisie-

_____

(1) V. D., *Rép.*, Vᵒ *Référé*, nᵒ 148. Lyon, 25 avril 1856, D. 57.2.5.

arrêt faite en vertu d'un acte authentique ou sous seing privé. Bazot est du même avis et estime que la partie lésée par l'exécution de l'ordonnance d'autorisation, peut demander en référé des mesures provisoires pour arrêter l'exécution qui lui préjudicie.

Cependant ne peut-on pas dire que c'est justement en vertu de son pouvoir discrétionnaire que le Président peut insérer cette réserve dans ses ordonnances? C'est par mesure exceptionnelle que la loi accorde au créancier la faveur de solliciter du Président du Tribunal une autorisation permettant une procédure provisoire et en même temps accorde à ce dernier un droit d'appréciation qui lui permet de restreindre la faculté de saisir dans les limites qu'il juge convenables.

Quelle est la règle de procédure? Quel est le principe d'ordre public auquel il est porté atteinte par cette condition résolutoire? Une décision judiciaire tient lieu de contrat entre les parties et rien ne s'oppose à ce que comme telle, elle soit soumise aux différentes modalités imposées aux conventions (1).

La validité de la réserve étant admise, le principe de

___

(1) Pour concilier l'intérêt des parties et le scrupule des juges, ceux-ci rendent ordinairement une ordonnance ainsi conçue : « Disons qu'il nous en sera référé en cas de difficultés et que pour faciliter le recours outre les formalités ordinaires du Code de procédure, la présente ordonnance devra être signifiée à la partie saisie cinq jours francs avant la dénonciation de la saisie-arrêt avec assignation en validité, faute de quoi notre autorisation serait de plein droit à considérer comme nulle et non donnée « (Paris, 3 octobre 1891, D. 92.2.167).

la rétractation de l'ordonnance ne peut plus être contesté : le créancier se soumet volontairement à la réserve inscrite dans son titre et on ne peut objecter que ceci, à savoir que la décision rendue à l'audience des référés touchera le fond du débat, mais le juge n'a-t-il pas son pouvoir discrétionnaire de l'article 858 et ne peut-il mettre terme à des actes illégaux, s'il les connaît (1).

Ce droit de rétractation du Président n'a cependant pas un caractère permanent.

Tous les partisans de la doctrine de de Belleyme sont d'accord sur ce point (2) ; mais la question de savoir jusqu'à quel moment existe la valeur de la clause est contestée. Sans parler de la décision de la Cour de Montpellier qui a jugé que la permission de saisir ne pouvait être retirée après la saisie (3), des décisions, les unes, ce sont celles de la Cour de cassation, n'admettent pas que le juge des référés puisse, alors qu'une instance en validité de saisie-arrêt est formée devant le Tribunal rapporter l'ordonnance sur requête qui avait autorisé cette saisie (4) ; les autres jugent que le Président peut, en

---

(1) La Cour de Paris (22 janv. 1892, D. 92.2.81) pour établir la validité de la clause de réserve tire un argument de l'article 242 du Code civil nouveau, lequel, en matière de divorce, autorise le Président à rendre quant aux mesures conservatoires des ordonnances sur requête à charge d'en référer.

(2) La Cour de Bastia (10 fév. 1859, D. 59.2.151) a décidé que ce droit de rétractation subsistait jusqu'à décision définitive dans l'existence principale, mais cette thèse est souverainement rejetée. V. Paris, 5 janvier 1889 et 18 juillet 1889, D. 91.2.49.

(3) 7 avril 1854, D. 55.2.293.

(4) Cass., 10 novembre 1885, D. 86.1.209 ; 16 décembre 1889, D,

référé, rapporter son ordonnance sur requête et supprimer ainsi la matière de la saisie, malgré l'instance engagée au principal (1).

La décision de la Cour de cassation est la plus juridique, puisque, tout en donnant au Président des référés un large pouvoir de juridiction, elle supprime son intervention au moment où le Tribunal est définitivement saisi de l'affaire.

90.1.263 ; 5 mars 1890, D. 90.1.469 ; *La Loi,* n° du 10 mai 1888; 3 mars 1889.

(1) Paris, 5 janvier 1889, D. 91.2.49 ; 24 avril 1891, D. 91.5.467 ; 22 janvier 1892, D. 92.2.419 ; 5 décembre 1894, D. 95.2.523.

CHAPITRE II

DES CONTRATS JUDICIAIRES FORMÉS EN RÉFÉRÉ.

Les parties peuvent former en référé un contrat judiciaire dont l'effet semble être une sorte de prorogation de juridiction du Président, du moment que les conditions exigées par l'article 1108 du Code civil existent, c'est-à-dire du moment qu'il y a consentement des parties, qu'il n'existe pour celles-ci aucune incapacité de contracter, qu'il y a cause licite et qu'il y a un objet certain qui forme la matière de l'engagement.

De Belleyme (1) avait absolument reconnu ce droit : « Le Président, dit-il, doit donner acte aux parties de leurs dires, déclarations, aveux et consentement. Ces énonciations étaient nécessaires, même sous l'ancienne jurisprudence, lorsque l'insertion des motifs n'était pas exigée. Le contrat judiciaire se forme devant le Président ; il doit le constater puisqu'il agit dans l'exercice de ses fonctions. Il est d'autant plus nécessaire de les consigner dans l'ordonnance qu'il n'y a ni avoué, ni signification, ni procédure ; sans cela il n'en resterait aucune preuve et les parties peuvent avoir intérêt à les

(1) I, p. 419.

invoquer et à les opposer soit sur l'appel de l'ordonnance soit sur la demande principale.

La Cour de Paris a, sur ce point, fait une distinction qui est assez difficile à établir et qu'il est curieux de mentionner (1) ; elle a admis que le juge des référés peut acter les déclarations faites et les consentements donnés pourvu que, par leur objet, ils entrent dans les limites de la juridiction provisoire ; mais que ce magistrat excède ses droits, lorsqu'il constate des obligations ou des faits compromettant le procès au principal.

L'ordonnance qui constate la formation d'un contrat judiciaire n'est pas susceptible d'appel (2).

Le contrat judiciaire ne se formant qu'autant que l'une des parties s'oblige, que l'autre partie accepte l'obligation et que cet engagement réciproque soit constaté par le juge, il est évident que l'ordonnance de référé ne saurait contenir un contrat judiciaire, si elle ne donne pas acte aux parties d'un accord intervenu entre elles, si par exemple l'une de ces dernières n'a fait que s'en rapporter à justice (3).

Cette dernière règle, qui peut être considérée comme accessoire, complète la théorie des principes qui semblent régler l'exercice des droits de juridiction du Président du Tribunal de première instance siégeant comme juge des référés.

(1) Paris, 6 février 1864, *Journ. Pal.*, 1864, p. 118.
(2) Paris, 10 novembre 1886, *J. Av.*, t. 112, p. 73 ; 18 décembre 1893, *J. Av.*, t. 119, p. 363.
(3) Cass., 4 juin 1896, D. 96.1.447.

QUATRIÈME PARTIE

CAS DE RÉFÉRÉS

––––––

Pour étudier avec ordre les divers cas de référés, nous adopterons la classification suivante :

Une première partie intitulée « Des référés en cas d'urgence » comprendra l'étude de toutes les contestations qui peuvent se présenter entre époux, entre parents ou alliés, entre propriétaires et locataires, entre propriétaires et entrepreneurs, entre associés et communistes, de toutes les contestations qui peuvent être soulevées en cas d'expertise, et de toutes celles qui sont relatives aux ventes publiques, aux voies de fait, à la délivrance des titres, etc...

Une deuxième partie comprendra l'étude des référés qui se présentent sur les difficultés d'exécution des titres ayant force exécutoire.

Une troisième partie enfin comprendra l'étude des référés sur procès-verbaux de scellés et sur inventaires.

TITRE PREMIER

RÉFÉRÉS AU CAS D'URGENCE

———

CHAPITRE PREMIER

CONTESTATIONS ENTRE ÉPOUX.

SECTION I. — **Durant le mariage.**

Il existe entre les époux, durant le mariage, des droits et des devoirs dont le juge des référés peut, en cas d'urgence, assurer la réalisation. Son intervention n'est pas requise dans toutes les contestations qui surgissent entre époux en mésintelligence, mais dans certaines.

Le principal devoir que le Code civil impose en toutes circonstances aux deux époux — à moins qu'une demande en séparation de corps n'ait été formée — est la cohabitation. Ce devoir est absolu ; et, comme il est d'un intérêt urgent, le juge des référés peut, suivant les cas, ordonner au mari de reprendre sa femme, ou à la femme de réintégrer le domicile conjugal.

Ce principe n'est pas contesté ; ce qui l'est, c'est la possibilité pour le juge des référés de faire exécuter ses décisions.

En ce qui concerne la femme, on est à peu près d'accord pour admettre que le mari a le droit de lui refuser tout secours pécuniaire tant qu'elle persiste à demeurer éloignée du domicile conjugal ; comme aussi de saisir les revenus de ses biens avec autorisation de justice, ou de prononcer contre elle une condamnation à des dommages-intérêts, ou enfin de lui faire réintégrer *manu militari* le domicile conjugal. De tous ces moyens, un seul est possible pour le juge des référés : sans doute il peut ordonner à la femme mariée de rapporter au domicile conjugal les objets mobiliers qu'elle a enlevés (1) ; mais peut-il aller jusqu'à autoriser le mari à employer la force publique pour contraindre sa femme à rentrer au domicile conjugal? Oui, dit un arrêt de la Cour de Paris du 29 mai 1808 (2) ; non, ce droit n'appartient qu'au Tribunal de première instance, disent Demolombe (nº 108) et Dalloz (*Rép.*, Vº *Mariage*, nº 765) ainsi qu'un arrêt de la Cour d'Aix du 22 mars 1884 (1) ; non enfin, ce droit n'appartient ni au Tribunal ni au juge des référés, déclarent Laurent (t. 3, nº 93), Baudry-Lacantinerie (t. 1, nº 620) et Huc (t. 2, nº 238) (3). Cette opi-

---

(1) De Belleyme, t. II, p. 312 ; Aix, 22 mars 1884 (*La Loi*, 16 avril 1884, S. 84.2.93, *Journ. Av.*, 1884, p. 323).

(2) Paris, 29 mai 1808 (D. *Rép.*, Vº *Mariage*, nº 762).

(3) V. D. *Rép. Suppl.*, Vº *Mariage*, nºs 418 et suiv.

nion est la plus sage : en effet, le législateur seul peut établir des peines, et il n'en a pas prononcé contre la femme qui méconnaît l'obligation de suivre son mari ; à quoi servirait d'ailleurs l'arrestation d'une femme qui, aussitôt réinstallée dans la maison conjugale, pourrait s'en éloigner ?

En ce qui concerne le mari qui refuse de recevoir sa femme, celle-ci pourrait également agir, de son côté, devant le Président du Tribunal, afin d'obtenir une protection quant à ses intérêts matériels, par exemple d'obtenir la restitution de ses linges et hardes.

Le magistrat tenant l'audience des référés pourrait être sollicité par un mari de désigner des experts en vue d'une action en désaveu de paternité (1), et de forcer la femme qui aurait enlevé un des enfants du domicile conjugal à l'y faire ramener (2).

SECTION II. — **Durant une instance en séparation
de corps et divorce.**

Durant une instance en séparation de corps ou en divorce, des mesures provisoires et conservatoires peuvent être nécessaires.

Parmi les mesures provisoires, on peut distinguer celles que le Président du Tribunal peut ordonner au

(1) Grenoble, 13 juillet 1872, D. 76.2.164.
(2) Moreau, p. 182.

moment où il reçoit la requête de l'époux demandeur en divorce ; celles ordonnées par ce magistrat à l'issue de l'essai de conciliation, lorsqu'il demeure infructueux ; puis celles qui sont de la compétence du Tribunal et celles qui rentrent dans l'office du Président du Tribunal statuant comme juge des référés (1).

Sans aucun doute, les mesures qui rentrent dans cette dernière catégorie sont celles qui présentent un caractère d'urgence. La loi en indique une dans l'article 238, alinéa 5 *in fine* du Code civil « sans préjudice du droit qu'a toujours le juge de statuer, en tout état de cause, en référé, sur la résidence de la femme ». On a induit à tort de ce texte par argument *a contrario* que le Président du Tribunal n'a pas le droit de statuer comme juge des référés sur les autres mesures provisoires. Un texte bien formel serait nécessaire pour qu'on pût admettre une dérogation de cette importance et si peu justifiée aux règles du droit commun consacrées par l'article 806 du Code de procédure civile. La raison de douter se trouve dans le début du paragraphe 5 de l'article 238 du Code civil ainsi conçu : « Lorsque le Tribunal est saisi, les mesures provisoires prescrites par le juge peuvent être modifiées ou complétées au cours de l'instance par jugement du Tribunal, sans préjudice... ». En réser-

---

(1) Le Président doit même, à raison de l'urgence, malgré l'exception d'incompétence, statuer sur les mesures provisoires en cas de divorce ou de séparation de corps (Nîmes, 16 février 1892, S. 92. 2.39 ; Lyon, 17 mars 1891, S. 92.2.21 et note).

vant ainsi au juge des référés le droit de statuer sur la
résidence de la femme, le législateur n'a-t-il pas retiré
implicitement à ce même juge le pouvoir de connaître
de toutes les autres mesures provisoires qui peuvent
être requises pendant l'instance en divorce? Telle est
l'objection ; suivant de nombreux arrêts, dès que le Tribunal est saisi de la demande en divorce, la compétence
du juge des référés serait réduite, dans tous les cas, à
la question de la résidence de la femme ; pour toutes
les autres mesures provisoires, le Tribunal seul serait
compétent (1). La plupart des auteurs cependant esti-
ment avec raison que le but du législateur dans l'article 238, § 5 du Code civil n'a été nullement de restreindre la compétence de la juridiction des référés, mais
d'indiquer que les mesures provisoires prises d'abord
par le Président peuvent toujours être modifiées par le
Tribunal. Suivant nous, la loi n'a parlé dans l'article 238
du Code civil, alinéa 5, *in fine*, que de la résidence de
la femme, parce que ce sera ordinairement la seule mesure provisoire qui aura un caractère d'urgence pendant
la durée de l'instance ; c'est ainsi que la femme peut
être maintenue au domicile conjugal, lorsque des circonstances spéciales justifient une semblable décision,
lorsque, par exemple, elle est commerçante et qu'un
transfert de résidence serait préjudiciable à son com-

(1) Pau, 10 août 1887, D. 88.2.242 ; Paris, 10 janvier 1889, D. 90.
2.333.

merce (1) ou lorsque le domicile conjugal aurait pour siège un immeuble appartenant à la femme et à sa mère (2).

Mais d'autres cas peuvent se présenter.

Le juge des référés peut être sollicité d'ordonner que la femme sera tenue de quitter la maison conjugale et de résider ailleurs pendant l'instance en séparation de corps ou en divorce ; il peut avoir à statuer sur la garde des enfants, et peut ordonner même que ces derniers soient confiés à leur mère ou à un tiers, malgré le principe de l'autorité paternelle (3).

Cependant le juge des référés ne pourrait pas, quelque nécessaire que pût être une décision urgente, allouer une pension alimentaire à la femme plaidant en séparation de corps ou en divorce, l'article 878 du Code de procédure décidant formellement qu'une semblable demande doit être portée à l'audience ; toutefois il pourrait condamner en paiement d'une somme à titre de simple provision alimentaire ou même judiciaire, du moment qu'elle n'a pas un caractère périodique (4).

---

(1) Paris, 25 février 1885, D. 86.2.86 et note ; Paris, 20 décembre 1890, D. 91.2.343.

(2) Cass., 18 janvier 1892, D. 92.1.124. V. D. *Rép. Sup.*, V° *Divorce*, n° 286.

(3) Cass., 15 juillet 1879, D. 81.1.209 ; Pau, 10 août 1887, S. 89.2. 29. Cfr. Paris, 12 mars 1891, D. 92.2.567 ; Bordeaux, 3 juin 1892, D. 92. 2.524 ; et Anvers, 4 mars 1885, *J. Av.*, 1885, p. 195 : « Lorsque sur une requête à fin de divorce, la comparution des parties a été ordonnée, il y a lieu pour le juge des référés, saisi d'une contestation quant à la garde des enfants, de renvoyer les parties en état de référé devant le Tribunal ».

(4) D. *Rép.*, V° *Référé*, n° 122.

En ce qui concerne les mesures conservatoires que
peut nécessiter une demande en séparation de corps
et en divorce, il est hors de doute que la femme non
commune, comme la femme commune en biens, a le
droit de réquérir l'apposition des scellés au domicile
conjugal pour la conservation de ceux de ses biens dont
le mari a l'administration et la jouissance (1) ; mais elle
ne pourrait demander la mise sous séquestre des biens
de la communauté ou le dépôt des deniers à la Caisse
des consignations, une ordonnance rendue dans ce sens
devant porter une atteinte grave aux droits d'administration de l'époux sans pouvoir être justifiée par une
disposition légale, un semblable droit étant refusé même
aux Tribunaux (2). Il est hors de doute que le mari
pourrait réclamer l'intervention du Président afin d'imposer une limite aux mesures que la femme aurait cru
devoir prendre pour la sauvegarde de son patrimoine (3)
et afin de prendre toutes mesures qu'il croirait nécessaires pour sauvegarder ses droits (4) ainsi que vaincre
toute résistance qu'opposerait la femme relativement
à l'usage ou à l'aliénation des biens communs.

(1) Alger, 1er mars 1893, D. 93.2.520.
(2) Laurent, t. 3, n° 268 ; D. Rép., V° Séparation de corps, n°s 176
et suiv. — Contrà : Bordeaux, 29 mai 1883, Gaz. Pal., 1882-83, II,
p. 457 ; Bordeaux, 8 janvier 1884, ibid., 1884, II, Sup., p. 100.
(3) Paris, 4 août 1871, D. 73.2.21 ; Bordeaux, 6 fév. 1850, D. 50.2.
150 ; Contrà : Cass., 14 mars 1855, D. 55.1.235 ; Bordeaux, 8 janv. 1884,
Gaz. Pal., 1884, II, Sup., p. 100.
(4) Colmar, 23 mai 1860, D. 60.2.200 ; Paris, 1er fév. 1884, J. Av.,
t. 90, p. 304 ; Paris, 24 nov. 1884, Le Droit, 1884, n° 287 ; Paris, 25 fév.
1885, D. 86.2.86. — Consult., Paris, 4 août 1871, D. 73.2.21.

SECTION III. — **Après la dissolution du mariage**.

Le jugement prononçant la séparation de corps ou le divorce établit ordinairement quant à la situation des enfants un règlement. Ce règlement, d'après un arrêt de la Cour de Paris (1), ne pourrait être modifié par une ordonnance de référé.

Nous ne pouvons accepter cette décision en ce qui concernerait une modification complète dans la situation des enfants ; mais nous croyons que le juge siégeant en référé doit être déclaré compétent pour régler entre les époux séparés ou divorcés, dans les cas urgents naturellement, les entrevues qu'ils pourront avoir avec ceux des enfants dont la garde ne leur a pas été confiée (2).

---

(1) Paris, 17 sept. 1886, *J. Av.*, t. 111, p. 464. — V. Cass., 9 nov. 1893, D. 96.1.475.

(2) Moreau, p. 195.

CHAPITRE II

CONTESTATIONS ENTRE PARENTS ET ALLIÉS.

SECTION I. — **Questions relatives aux personnes.**

1° *Succession.* — *Désaveu.* — Un arrêt de la Cour de Grenoble (1) a décidé que le magistrat tenant l'audience des référés pouvait être sollicité de désigner des experts à l'effet de vérifier si un enfant était né viable. Une semblable expertise qui avait pour but de savoir comment devait être attribuée la succession d'un individu pourrait être également utile pour vérifier si l'enfant qui naît ne porte pas des signes d'accouchement prématuré, et pour intenter une action en désaveu de paternité (2).

2° *Réintégration du domicile paternel.* — Le Président du Tribunal civil a le devoir de faire respecter le principe de l'autorité paternelle, comme il a celui de faire respecter le principe de l'autorité maritale : il peut donc ordonner à un enfant mineur de réintégrer le domicile de ses parents (3).

3° *Opposition à mariage.* — La Cour d'Angers a

---

(1) Grenoble, 13 juil. 1872, D. 76.2.14.
(2) Moreau, p. 183.
(3) D. *Rép.*, V° *Puissance paternelle*, n° 26.

décidé que le Président était incompétent pour statuer
sur une demande en mainlevée d'opposition à mariage (1), « considérant que le juge des référés ne pouvait connaître de l'opposition, d'une part parce que
aucune urgence spéciale ne motivait le recours à sa
juridiction exceptionnelle ; d'un autre côté parce que,
vu la nature de l'affaire, il ne pouvait statuer sans préjudicier au principal. »

Cette décision est très juste : l'on ne saurait en effet
considérer comme constitutif de l'urgence le désir que
les futurs auraient de se marier promptement ; car c'est
pour leur imposer la nécessité de réfléchir à la gravité
de l'acte qu'ils vont accomplir que le Code civil a donné
aux ascendants le droit de former opposition à la célébration du mariage sans les obliger à énoncer les motifs
qui les déterminent à agir. Il n'est pas impossible toutefois de supposer des hypothèses où il y aurait urgence
à statuer sur l'opposition : il en serait ainsi notamment
dans le cas où l'un des futurs époux serait gravement
malade, et où le moindre retard pourrait rendre impossible la célébration du mariage. Mais, dans cette
hypothèse même, le juge des référés serait incompétent,
car la demande en mainlevée ne pourrait donner lieu
à une mesure provisoire, et l'ordonnance qui y ferait
droit apporterait un préjudice certain au principal : le
mariage célébré, on ne comprendrait plus, en effet, que

(1) Angers, 15 janv. 1879, S. 81.2.159.

le Tribunal civil, dont la compétence est certaine, statuât sur la validité de l'opposition. Aussi aucun auteur n'a-t-il rangé la demande en mainlevée d'opposition à mariage parmi les affaires qui rentrent dans la compétence du juge des référés.

Cependant le Président serait compétent, nonobstant le pourvoi contre un jugement qui aurait rejeté une opposition à mariage, pour ordonner qu'il serait passé outre à la célébration du mariage malgré les défenses faites à l'officier de l'état civil ; c'est que dans ce cas, il s'agirait seulement de statuer sur l'exécution d'un jugement, et que le motif tiré du pourvoi pour retarder cette exécution est mal fondé, attendu que le pourvoi n'est pas suspensif (1).

4° *Pensions et provisions alimentaires*. — Des secours alimentaires peuvent être réclamés au provisoire, si le titre et le droit ne sont pas contestés. De simples considérations d'humanité ne sauraient motiver, pas plus en référé que devant le Tribunal, une allocation de secours.

On peut ainsi statuer en référé sur la demande de simples provisions alimentaires, mais on ne le pourrait sur une demande en pension alimentaire parce qu'une semblable demande doit avoir un effet périodique permanent (2).

---

(1) Bastia, 7 décembre 1859, P. 1861, 491.
(2) Toulouse, 21 août 1838, S. 40.2.470 ; D. *Rép.*, V° *Référé*, n°⁵ 122 et suiv.

SECTION II. — **Questions relatives aux choses.**

1° *Difficultés relatives aux contestations qui peuvent être soulevées au décès d'une personne.* — Bien souvent, autour d'un cercueil s'élèvent des discussions suscitées soit par l'amour-propre des héritiers, soit par leur cupidité, soit enfin par leur opinion religieuse. Comme l'hygiène, ainsi que l'ordre public exigent une solution immédiate, il y a lieu de statuer au plus vite sur ces discussions.

De nombreux arrêts avaient défini le rôle du Président du Tribunal pour déterminer le lieu de l'inhumation, les formes de la cérémonie funèbre, mais la loi du 15 novembre 1887 sur la liberté des funérailles (art. 4) vient de trancher toutes les controverses qui auraient pu être soulevées, et décider que : « En cas de contestation sur les conditions des funérailles, il est statué, dans le jour, sur la citation de la partie la plus diligente, par le juge de paix du lieu du décès, sauf appel devant le Président du Tribunal civil de l'arrondissement, qui devra statuer dans les vingt-quatre heures. La décision est notifiée au maire, qui est chargé d'en assurer l'exécution ». Le Président, en ce qui concerne les questions relatives aux funérailles, est donc un juge souverain : ses ordonnances sont sans appel. Un texte formel était nécessaire pour attribuer au Président du Tribunal civil une telle omnipotence.

Au décès d'une personne, d'autres difficultés peuvent
surgir, notamment au sujet de la validité des testaments,
et la question peut se poser, par exemple, de savoir si
les héritiers d'un testateur peuvent être autorisés, par
ordonnance de référé, à faire photographier, en présence du notaire qui l'a reçu, un testament déposé au
rang de ses minutes (1).

2° *Propriété des lettres.* — Au cours d'un inventaire,
bien souvent des papiers et lettres confidentiels sont
trouvés : le Président pourra, en référé, ordonner que
ces papiers et lettres lui soient apportés : il se bornera
à nommer un séquestre, ou à désigner un dépositaire
de ces papiers ou lettres, ce qui permettra d'attendre
un jugement au fond (2).

Cette question de la propriété des lettres entre parents ou alliés nous amène à nous poser la question plus
délicate de savoir à qui doivent être remises les lettres
dont l'adresse est incertaine, lorsque plusieurs personnes se prétendent en être les destinataires.

La Cour d'Amiens (3) a décidé que le juge des référés
était compétent pour statuer provisoirement sur de telles difficultés ; et, dans l'espèce qui lui était soumise,
a décidé que le juge des référés pouvait ordonner à titre
provisoire que les lettres dont l'adresse portait en mê-

(1) Pour : Caen, 29 juil. 1879, D. 80.2.201 ; Toulouse, 14 nov. 1892,
S. 93.2.36. — *Contrà* : Bruxelles, Trib. civ. (*Référés*), 31 mars 1894,
D. 96.2.86.

(2) Bertin, nᵒˢ 690 et suiv.

(2) Amiens, 26 janv. 1869, D. 74.4.422.

me temps le nom d'un ancien huissier et l'indication
de son ancienne profession seraient déposées entre les
mains du juge de paix et ouvertes devant lui par l'ancien titulaire en présence du nouveau pour être remises
à l'un ou à l'autre suivant qu'elles concerneraient la
personne ou la fonction.

CHAPITRE III

SECTION I. — Droits et actions du propriétaire.

Le locataire est tenu de trois obligations principales :
d'user des lieux loués en bon père de famille et suivant
la destination qui leur a été donnée par le bail ; 2° de
payer le prix du bail aux termes convenus (art. 1728,
C. civ.) ; 3° de garnir les lieux loués de meubles suffisants (art. 1752, C. civ.).

Quelle est la compétence du juge des référés pour
assurer l'exécution de ces obligations ?

En principe la doctrine et la jurisprudence admettent que le Président du Tribunal peut ordonner au
provisoire toutes les mesures de nature à contraindre
le locataire à respecter ses obligations : toutefois, ainsi
que nous le verrons, ces mesures ne sont pas aussi
étendues qu'on pourrait le croire.

1° Le locataire ne peut jouir de la chose louée qu'en
bon père de famille ; il ne peut rien faire qui puisse
préjudicier à la propriété du bailleur et à la jouissance
des autres locataires, ni changer la nature de la loca-

tion. Cette obligation permet de faire régler en référé
les modes d'entretien des escaliers des divers étages
d'une maison, d'usage des cours, de pose des enseignes
ou même des écriteaux indiquant la mise en vente ou en
location de l'immeuble, du service des concierges, etc...;
elle permet au bailleur de réclamer, en référé, durant
le cours du bail, une expertise ou un état de lieux, lorsqu'il est urgent de constater des faits répréhensibles im-
putables au locataire ; elle lui permet d'exiger en référé
du locataire qu'il tolère l'exécution des réparations jugées indispensables, ou qu'il laisse visiter les lieux loués
soit en cas de départ, soit en cas de vente de l'immeuble (1) ; elle lui permet de faire respecter toutes les
obligations spéciales au bail rural.

Il résulte également de diverses décisions que le juge
des référés a compétence pour ordonner l'expulsion du
locataire qui détourne les lieux loués de leur destination, et y cause du trouble et du scandale (2). Mais il a
été jugé d'un autre côté par la Cour de Paris elle-même (3) que si le juge des référés est compétent à raison
de l'urgence pour prescrire sur la demande du propriétaire des mesures propres à faire cesser le scandale résultant de la manière dont le locataire exploite la mai-

---

(1) De Belleyme, t. II, p. 119.
(2) Paris, 8 février 1883, D. 84.2.32, S. 84.2.68 ; Trib. civ. Seine,
20 mars 1889, *Gaz. Trib.*, n° du 21 mars ; Paris, 8 mai 1895, D. 95.
2.328, *J. Av.*, t. 120, art. 785, S. 95.2.208.
(3) Paris, 27 août 1878, *J.Av.*, t. 103, p. 446, D., *Rép., Sup., V° Louage*,
n° 179.

son louée, par exemple l'expulsion de femmes de mauvaise vie qu'il y a introduites, son droit ne va pas jusqu'à
ordonner des mesures entraînant implicitement la résolution du bail, telle que l'expulsion du locataire lui-
même.

Suivant nous, eu égard aux principes qui régissent la
compétence du juge des référés, il y aurait lieu de décider que sauf le cas où les faits d'abus de jouissance
seraient graves et dès à présent certains (ex. : ouverture
d'une maison publique dans les lieux loués), le Président
ne pourrait dans l'espèce où il y a abus de jouissance
des lieux loués que prendre des mesures purement conservatoires, car souvent la question qui lui sera soumise présentera tous les caractères d'une demande
principale.

2° Faut-il dire que le Président peut ordonner de
même l'expulsion pour défaut de paiement de loyers ?

Pour qu'un bailleur puisse se pourvoir en référé dans
ce cas, il faut qu'il n'existe aucune incertitude quant à
la date d'exigibilité des loyers, quant à leur montant (1),
quant au refus du paiement de ces loyers (2).

Il se peut que le bail contienne une clause à ce sujet ;
qu'il dise par exemple : « qu'à défaut de paiement d'un
seul terme de loyer, et huit jours après un simple commandement resté infructueux, le bail sera résilié de

(1) Paris, 15 novembre 1878, *J. Av.*, t. 104, p. 65.
(2) Cass., 18 août 1882, D. 83.1.263.

plein droit, si bon semble au bailleur, sans qu'il soit besoin d'aucune formalité judiciaire. »

Dans ce cas, si le bail est authentique, le propriétaire pourra procéder à la poursuite d'exécution en vertu de son titre ; si des obstacles se produisent, le juge des référés sera, aux termes de l'article 806 du Code de procédure, compétent. Si le bail est sous seings privés, l'expulsion en n'importe quel cas, ne pourrait avoir lieu en vertu du titre qui n'est pas exécutoire : c'est donc seulement le juge des référés qui lié par la clause résolutoire devra en assurer l'exécution et ordonner l'expulsion pour non-paiement (1).

Mais si la location est verbale, si le bail ne contient aucune clause relative à la résiliation du bail pour non-paiement des loyers, quelle sera la compétence du juge des référés ?

Nous croyons que l'expulsion pourra être ordonnée par le juge des référés, car elle ne constitue qu'une mesure provisoire ; que le locataire fournisse les garanties exigées, et il pourra demander à rester dans les lieux. Il suffira donc qu'aucune incertitude ne règne, comme du reste en tous les cas, quant à la date d'exigibilité des loyers, quant à leur montant, quant au refus du paiement de ces loyers, et qu'aucune exception sérieuse ne soit invoquée pour le locataire justifiant un non-paiement : le locataire en effet pourrait se prévaloir du fait que le pro-

(1) Paris, 11 février 1874, D. 75.2.147, S. 74.2.179 ; Paris, 17 octobre 1883, J. Av., t. 109, p. 57.

priétaire est lui-même en défaut d'exécuter le contrat
de bail, ou de ce que l'immeuble a été détruit en partie
durant le bail, ou de ce que le propriétaire est son débiteur.

Reste une question à résoudre : Si le locataire, se
voyant sous le coup d'une expulsion pour non-paiement
de loyers, sollicite en référé des délais, le Président
pourra-t-il statuer sur une pareille demande ? Non,
décide un arrêt (1), s'il existe un bail stipulant qu'à défaut de paiement à l'échéance d'un ou plusieurs termes
de loyers, le bail sera résilié de plein droit.

3° La jurisprudence admet très généralement que le
Président a qualité pour ordonner l'expulsion d'un locataire qui n'a pas garni les lieux loués, même si celui-
ci a payé d'avance les loyers (2). A citer cependant un
arrêt de la Cour de Paris (3) : Une compagnie d'assurances ayant formé contre un sieur Hour en référé une
demande en expulsion, se fondant sur ce que les meubles garnissaient insuffisamment les lieux loués, le
Président autorisa la Compagnie à rentrer en possession de son immeuble ; la Cour ne partagea pas cette
manière de voir, « considérant que Hour occupait les
lieux à lui loués en vertu d'un acte sous seing privé
dont la résiliation n'avait pas été encore demandée ;
qu'il n'appartenait pas au juge des référés, sans faire

---

(1) Paris, 11 fév. 1874, précité. — V. de Belleyme, t. II, nᵒˢ 142 et
suiv. ; Bioche, Vᵒ *Référé*, nᵒˢ 203 et suiv.

(2) Bordeaux, 26 juill. 1888, D. 90.2.94.

(3) Paris, 13 janv. 1886, D. 89.2.233.

échec au principal, de résilier ledit bail par voie détournée, en ordonnant l'expulsion. »

Outre les trois obligations principales dont nous venons de parler, le locataire doit restituer l'immeuble à l'expiration du bail et doit le restituer dans l'état où il l'a reçu :

1° Lorsque le bail est arrivé à son terme, sans qu'il y ait eu de prorogation, ni de tacite reconduction, le Président peut ordonner l'expulsion du locataire, si celui-ci persiste à se maintenir dans les lieux loués. Il le peut aussi dans le même cas si le propriétaire a fait signifier un congé valable.

Les questions qui naissent à l'expiration des baux par le fait d'un congé étant des plus délicates, il est indispensable d'en dire quelques mots.

En cette matière, le principe est que le juge des référés est compétent pour ordonner l'exécution d'un congé, quand la validité et la régularité n'en sont pas sérieusement contestées, et alors surtout que le locataire ne s'est pas pourvu au principal pour en faire prononcer la nullité (1).

Le Président est donc compétent pour connaître de toute demande en expulsion formée en vertu d'un congé ou reconnu ou donné en temps utile au locataire et non contesté.

Le juge des référés excéderait ses pouvoirs en auto-

____

(1) Paris, 8 mars 1870, D. 70.2.63.

risant le locataire qui a donné congé à rester dans l'appartement loué, malgré le propriétaire, même en payant les loyers échus (1) ; ou lorsqu'une instance est pendante entre le locataire et le propriétaire sur la validité d'un congé donné par ce dernier, en autorisant entre les mains du concierge le dépôt de la clef de l'appartement, afin de permettre de le montrer aux visiteurs, une telle mesure préjugeant le fond du débat (2).

2° Le Président peut nommer des experts à l'effet de constater l'état de l'immeuble et les réparations à exécuter, sauf toutefois quand il s'agit exclusivement de réparations locatives ; ceci rentre dans la compétence des juges de paix (3).

Ajoutons que lorsque la contestation qui donne lieu à une demande d'expulsion est de la compétence du juge de paix, le Président qui en est saisi doit refuser de statuer. Ainsi, le juge des référés est incompétent pour ordonner l'expulsion d'un locataire lorsque le prix annuel de la location n'excède pas 400 francs (4). Mais le juge des référés serait compétent à l'exclusion du juge de paix (même lorsque le loyer n'excède pas 400 fr.) quand la contestation porte sur la nature du bail et ses

(1) Paris, 10 novembre 1871, D.72.5.379.
(2) Paris, 18 septembre 1871, S. 72.2.187. Voir D., *Rép.*, V° *Référé*, n°ˢ 102 et suiv.
(3) De Belleyme, t. I, p. 397 ; Dutruc, V° *Référé*, n° 14.
(4) Paris, 14 novembre 1884, D. 86.2.80 ; Paris, 30 juillet 1888, *Gaz. Pal.*, 89.1.142.

conséquences au point de vue de la tacite reconduction (1).

Des mesures accessoires à celles prévues par le Code civil peuvent être désirées et même sollicitées par le propriétaire. Reste à examiner si elles peuvent être tranchées par le Président.

Le propriétaire peut-il, désirant conserver son locataire, mais prendre des garanties, peut-il demander la nomination d'un séquestre? Peut-il demander à ce que les meubles de son locataire soient vendus après l'expulsion?

1° Séquestre. — La question de savoir si l'article 1961 du Code civil, qui énumère les cas où il y a lieu à nomination de séquestre est limitatif ou seulement énonciatif est très controversée. Néanmoins la jurisprudence la plus récente se prononce dans le dernier sens.

En principe, le séquestre a pour but la conservation de la chose litigieuse ou affectée à la garantie des obligations du débiteur; aussi en a-t-on conclu que la nomination d'un séquestre chargé de conserver les meubles ou les marchandises affectés à la garantie du paiement d'un loyer n'avait rien de contraire à l'esprit de cette institution (2) et que si cette nomination peut être faite par le Tribunal, elle peut l'être également à

(1) Paris, 1er août 1890, *Gaz. Pal.*, 90.2.443.
(2) Paris, 15 avril 1885, D. 86.2.127.

titre provisoire et d'urgence par le juge des référés (1).

On trouve, dans la jurisprudence, plusieurs exemples de nominations de séquestre intervenues dans ces conditions pour des marchandises (2). Un arrêt de la Cour de Paris du 15 avril 1885 décide formellement : « Que le propriétaire de l'immeuble loué à un commerçant a le droit d'exiger une garantie effective, lorsque le locataire engagé encore envers lui par son bail manifeste l'intention de ne pas remplacer ses marchandises par d'autres ; que l'article 1752 du Code civil, qui autorise le bailleur à expulser le locataire qui ne garnit pas la maison de meubles suffisants ne lui impose pas cette seule voie pour sauvegarder ses intérêts, et ne lui interdit pas de solliciter une mesure conservatoire ; que l'article 1961 qui énumère les cas où il y a lieu à nomination de séquestre n'est pas limitatif et peut être appliqué dans ce cas. Le juge des référés a donc un pouvoir discrétionnaire à cet égard. »

On n'aperçoit pas pour quelles raisons cette jurisprudence cesserait d'être applicable, lorsqu'au lieu de porter sur des marchandises le séquestre devrait frapper les meubles garnissant les lieux loués. Il est d'ailleurs des cas où le séquestre des meubles s'impose comme la seule mesure possible, le propriétaire ne pouvant recourir à un commandement et à la saisie des meubles

---

(1) Nancy, 28 février 1876, D. 76.1.313 ; Bazot, p. 260.
(2) Paris, 23 février 1884, *Gaz. Trib.*, 24 août 1884 ; Paris, 15 avril 1885, D. 86.2.127 ; *Gaz. Trib.*, 3 juin 1885.

parce que sa créance n'est pas liquide : tel est le cas, où il réclame, par exemple, des réparations locatives (1).

2° Vente. — On s'est demandé si le Président pouvait, dans l'ordonnance d'expulsion, autoriser la vente des meubles du locataire. Il y a deux objections : l'une, c'est que l'article 819 du Code de procédure prescrit au bailleur de remplir certaines formalités s'il veut s'emparer des meubles garnissant la maison ou la ferme (ou bien il faut un commandement de payer les loyers échus, et alors le propriétaire ne peut pratiquer une saisie-gagerie qu'un jour après la signification du commandement, ou bien il doit adresser une requête au Président du Tribunal, et alors, il peut, avec la permission de ce magistrat, pratiquer de suite, sans aucun délai, la saisie-gagerie) ; l'autre raison, c'est que la vente est évidemment une mesure définitive, un acte d'aliénation irrévocable. De plus, pour légitimer la vente ordonnée sommairement et accomplie en dehors des formes protectrices de la loi, on ne peut invoquer l'urgence : s'il est urgent, en effet, que les meubles soient déplacés, pour qu'un nouveau preneur puisse s'installer dans les lieux, il ne l'est pas qu'ils soient vendus. Aussi admet-on généralement que le juge des référés ne saurait prescrire la vente des meubles avant que la saisie-gagerie n'ait été validée : ce serait suspendre l'applica-

(1) Orléans, 20 avril et 8 août 1888, D. 89.2.247.

tion de la loi, pour autoriser une procédure extraordinaire, dans l'intérêt d'un propriétaire trop impatient (1).
Des arrêts en sens contraire ont été rendus (2), d'accord
non pas avec les principes de compétence en matière
de référés, mais avec les intérêts pratiques de la vie.
Aussi une semblable théorie amènerait-elle des excès;
qu'un huissier fasse un commandement, en vertu de
l'article 819 du Code de procédure civile et procède à
une saisie-gagerie, que dans son procès-verbal il constate que la valeur du mobilier garnissant les lieux n'est
que de peu de valeur, et sur cette constatation plus ou
moins exacte, plus ou moins intéressée, porte l'affaire
à l'audience des référés sur procès-verbaux d'exécution,
voyez le résultat s'il obtient une ordonnance autorisant
la vente (3).

Dans le cas de faillite d'un locataire, il n'appartient
pas au juge des référés de nommer un séquestre chargé
de la gérance du commerce du failli, alors que les
syndics ont reçu du juge-commissaire la mission de
continuer ce commerce (4), ni ordonner la levée des
scellés (5).

---

(1) Paris, 10 novembre 1871, D. 72.5.379 ; Cass., 14 mars 1883, D.
83.1.338.
(2) Paris, 6 juin 1872, *Gaz. Trib.*, 21 juin ; 11 mai 1874, *Gaz. Trib.*,
17 mai ; 13 juillet 1874, *Gaz. Trib.*, 8 août ; 22 février 1878, D. 78.2.
177.
(3) Voir note, S. 76.2.313.
(4) Paris, 11 juillet 1874 ; Dutruc, t. III, n° 78.
(5) Lyon, 26 août 1853. C. com. 482.

SECTION II. — **Droits et actions du locataire.**

Le bailleur est obligé, par la nature du contrat, de délivrer la chose en bon état de réparations de toutes espèces, d'entretenir la chose en état de servir à l'usage pour lequel elle a été louée, enfin de faire jouir paisiblement le preneur pendant la durée du bail.

Pour faire exécuter ces différentes obligations, le locataire peut s'adresser au juge des référés : c'est ainsi qu'il peut obtenir, en cas d'urgence, qu'il soit procédé à un état des lieux (1), ou à l'exécution des travaux nécessaires ; c'est ainsi qu'il peut être autorisé, si les lieux deviennent inhabitables, par suite de dommages matériels (incendie, vétusté) ou moraux (installation d'un appartement de débauche), à les quitter (2) ; mais le juge des référés excéderait ses pouvoirs s'il autorisait sans griefs sérieux un locataire, dont le bail a encore plusieurs années à courir, à déménager moyennant la consignation d'une année de loyer (3) et il serait incompétent pour statuer sur le point de savoir si les meubles dont un pensionnaire du locataire se prétend propriétaire sont soumis au privilège du bailleur (4).

Ajoutons que les auteurs reconnaissent au locataire

(1) De Belleyme, t. II, p. 157.
(2) Bertin, n° 731.
(3) Paris, 13 juillet 1878, *J. Av.*, 1878, p. 368.
(4) Paris, 12 juin 1876, S. 77.2.85.

le droit de faire vendre son mobilier aux enchères dans l'immeuble qu'il occupe, et de recourir au Président pour faire respecter son droit (1) ; ils reconnaissent encore au locataire le droit d'obtenir en référé sa réintégration dans son logement lorsqu'il a été expulsé par voie de fait et abus de force, soit en sa présence, soit en son absence (2).

(1) Rousseau et Laisney, V° *Référé*, n° 82.
(2) De Belleyme, t. II, p. 111.

CHAPITRE IV

CONTESTATIONS ENTRE PROPRIÉTAIRES VOISINS.

Le juge des référés ne peut trancher une question de propriété, cela est hors de doute (1) ; mais il est compétent pour statuer en cas d'urgence ou en cas d'exécution de titres exécutoires et de jugements sur les difficultés qui surviennent entre les propriétaires de deux immeubles contigus.

« S'il s'agit non de l'exécution des titres authentiques, mais de leur interprétation, et notamment de la question de savoir si l'un des propriétaires a le droit d'élever sur son terrain une construction, de surélever la construction déjà existante, d'ouvrir des jours ; si la contestation soulève une question de propriété et d'interprétation d'actes, la solution de cette question appartient exclusivement à la juridiction ordinaire.

« Dans ce cas, le juge des référés doit se borner à commettre, s'il y a lieu, un expert pour constater l'état des lieux et ordonner les mesures conservatoires qu'il juge nécessaires (2). »

(1) Paris, 26 octobre 1846, de Belleyme, t. II, p. 181. « Attendu qu'il s'agit d'une question de propriété sur laquelle il ne peut être statué en référé. »
(2) Bertin, n° 768.

Le juge des référés dans les difficultés entre voisins se borne la plupart du temps à ordonner des mesures conservatoires ; comme de prescrire les précautions à prendre pour la consolidation d'un mur, lorsque ce mur menace ruine ; comme de commettre des experts à l'effet de constater les atteintes faites aux droits d'autrui par l'existence d'odeurs fétides ou de bruits insupportables, pourvu qu'il s'agisse d'un débat qui ne soit de la compétence ni du Tribunal de commerce, ni de la Justice de paix ; comme de prendre toutes mesures nécessaires lorsqu'il s'agit de travaux nuisibles ou dangereux pour le fonds voisin ; comme d'ordonner la fermeture d'une excavation qui peut causer un accident, ou l'étayage d'un mur entamé par des démolitions voisines (1).

Rien ne s'oppose en un mot à ce que le juge ordonne à titre provisoire, jusqu'au jugement du fond, le rétablissement des lieux dans leur état primitif, lorsqu'aucun ordre n'a été donné de faire des modifications. En matière possessoire le juge de paix a cette faculté (2); et il existe la plus grande analogie sur ce point entre les pouvoirs du juge du possessoire et ceux du juge des référés (3).

Ordonner toutes mesures conservatoires ou provisoires, du moment qu'elles sont urgentes, voilà le rôle

(1) D., *Rép.*, V° *Référé*, n°s 109 et 110.
(2) Req., 6 décembre 1871, D. 72.1.136.
(3) Gérard, p. 83 et suiv.

du juge des référés dans les contestations entre propriétaires voisins, même relativement aux servitudes. Il a été jugé notamment en ce sens que lorsqu'il est constant qu'un héritage n'est actuellement susceptible d'être exploité qu'au moyen d'un passage sur le fonds voisin, le juge des référés peut, en réservant les droits et moyens des parties, autoriser le propriétaire dudit héritage à se servir du passage contesté (1). Il a été jugé également que le juge du référé peut ordonner qu'un passage litigieux sera rétabli dans son état primitif jusqu'au jugement définitif du litige (2).

(1) Req., 10 avril 1872, S. 73.1.389, D. 73.1.12.
(2) Civ., 23 mars 1886, D. 86.1.408.

CHAPITRE V

SECTION I. — Propriétaires et entrepreneurs.

On statue en référé pour cause d'urgence sur les difficultés qui s'élèvent à raison de travaux entre propriétaires, architectes, entrepreneurs et ouvriers : par exemple, si les travaux sont suspendus ; si le bâtiment ne peut être livré à l'époque fixée par les conventions ; si l'un des sous-traitants ou des ouvriers retarde le travail des autres entrepreneurs ; si le propriétaire articule qu'il existe des vices de construction, des malfaçons, ou que les matériaux employés sont mauvais ; si les travaux ne sont pas conformes aux conventions, plans et devis ; s'il a été procédé à des travaux supplémentaires, etc. (1).

Il est nécessaire et urgent le plus souvent de procéder à une expertise ; en cas de péril ou d'urgence, on peut autoriser à faire les travaux.

(1) De Belleyme, t. II, p. 189 ; Moreau, p. 231.

SECTION II. — **Patrons et ouvriers.**

Le patron a le droit de renvoyer une personne à gages, sans donner congé, à la seule condition de la prévenir huit jours d'avance, ou de lui payer, au cas d'expulsion à l'instant même, une indemnité de huit jours de gage, de logement et de nourriture (1).

A plus forte raison, le maître ou le patron peut renvoyer l'employé, et le juge des référés ordonner l'expulsion si le congé est expiré (2).

Le seul droit pour le domestique ou l'employé congédié est de réclamer des dommages-intérêts, et de s'adresser aux Tribunaux : c'est ce qui résulte de l'article 1780 du Code civil, modifié par la loi du 27 décembre 1890. Mais le juge du référé peut toujours provisoirement ordonner l'expulsion, en cas d'urgence (3) ; il n'a à s'occuper ni des engagements réciproques des intéressés, ni de l'indemnité à payer éventuellement, mais doit, nous le répétons, s'il plaît au maître de dénoncer la convention d'engagements, ordonner l'expulsion de l'employé révoqué, et au cas où ce dernier persisterait à se maintenir dans l'occupation des lieux ou voudrait y pénétrer, autoriser l'emploi de la force publique (4).

(1) De Belleyme, t. II, p. 150.
(2) Bordeaux, 23 août 1867, D. 67.5.360.
(3) Paris, 1er février 1873, S. 73.2.88, D. 73.2.166.
(4) Trib. civ. Chalon-s-Saône, 6 mai 1887, S. 87.222.

La Cour de Paris a bien défini ce point : « La Cour, dit-elle dans un arrêt du 28 juillet 1877 (1), considérant que le contrat de louage et d'industrie soit verbal, soit écrit, peut être rompu par la seule volonté de l'une ou de l'autre des parties ; que dès lors le patron a le droit de faire cesser immédiatement les services de son employé ; que l'existence de ce droit absolu ne saurait être subordonnée au règlement de l'indemnité qui pourrait être due à l'employé ; que cette question est réservée pour être tranchée par le juge du principal ; considérant au surplus en fait et surabondamment que la mésintelligence qui règne entre les parties ne permet pas de maintenir L... comme employé dans l'établissement des époux B... sans exposer ceux-ci à un préjudice certain ; que le droit d'expulsion appartenant aux époux B... justifiait complètement l'urgence... »

(1) Paris, 28 juillet 1877, S. 78.2.85.

CHAPITRE VI

Les expertises et les états des lieux sont les mesures que le magistrat des référés est le plus souvent sollicité de prescrire.

Autrefois le droit d'ordonner une expertise pour le juge tenant l'audience des référés était contesté ; car il peut arriver souvent que la mission confiée à l'expert préjuge le fond et présente un caractère interlocutoire (1), mais aujourd'hui ce droit n'est plus discuté ; et en effet si en fait l'expertise préjuge souvent des droits des parties, en droit il n'est pas moins certain que le rapport de l'expert ne lie pas le Tribunal qui sera appelé à statuer sur le fond (2).

Cela est si vrai que les juges du principal peuvent baser leur décision sur les constatations auxquelles il a été procédé en vertu d'une ordonnance de référé, même si cette dernière a été rendue incompétemment, du moment où il a été procédé contradictoirement entre les

(1) Bourges, 7 avril 1832, S. 33.2.70 ; Paris, 6 juil. 1844. — De Belleyme, t. I, p. 418.

(2) Cass., 9 fév. 1869, S.69.1.162 ; De Belleyme, t. I, p. 109 ; t. II, p. 187 ; Cass., 15 janv. 1874, S.74.1.484 ; Cass., 28 août 1877, S.78.1. 344 et D.78.1.213.

parties à l'expertise (1). D'après la jurisprudence en matière d'expertise, les juges ont la faculté d'employer comme renseignements des rapports entachés de certaines irrégularités (2).

Les missions que l'on peut confier à des experts en référé sont nombreuses : elles peuvent se rapporter soit au cas d'exécution d'un contrat de bail, soit au cas de nouvel œuvre, d'entreprise, de rente, d'assurance, soit au cas de contestations entre voisins, de dommages causés par des travaux, etc.

Il suffira que le juge appelé à statuer s'en rapporte aux règles générales qui limitent sa compétence : il ne pourrait pas, en conséquence, ordonner un constat dans le cas où l'urgence ne serait pas évidente, et dans le cas où le litige serait de la compétence du Tribunal de commerce, des Tribunaux administratifs ou du juge de paix (3) ; il ne pourrait pas interpréter les titres de propriété, trancher une question de droits ou de servitudes (4); ni procéder à des mesures d'instruction qui constitueraient une véritable enquête(5) ; ni faire constater, en matière de contrefaçon, si l'objet saisi offre assez d'analogie avec celui porté au brevet pour faire l'objet d'une saisie (6) ; ni évaluer le préjudice résultant de

(1) Cass., 15 juin 1874, D.76.1.167.
(2) Req., 9 fév. 1869, D.70.1.14, S.69.1.162.
(3) Rousseau et Laisney, V° *Référé*, n° 7 ; Dutruc, V° *Référé*, n° 14.
(4) Bertin, n°s 711 à 718, 729 et suiv., 736 et suiv., 766 et suiv.
(5) Paris, 11 janvier 1891, *Gaz. Pal.*, 91.1.743 ; Bordeaux, 11 février 1890, *Rec. Bordeaux*, 1890.1.204.
(6) Paris, 22 juillet 1885, *J. Av.*, 1885, p. 467.

travaux non achevés : ni d'établir le compte des sommes dues pour ce qui a été exécuté (1).

La procédure prescrite en matière d'expertise par les articles 303 et suivants du Code de procédure ne doit pas être rigoureusement suivie : le Président peut ne nommer qu'un seul expert, même si toutes les parties ne sont pas d'accord (2) ; il peut le dispenser du serment (3).

Nous pouvons conclure de ces quelques considérations que si en principe les mesures d'instruction *in futurum* ne sont pas permises (4), le juge des référés cependant peut ordonner des expertises à futur du moment qu'il y a urgence (5).

Ajoutons qu'au point de vue des expertises en matière d'assurances, certaines difficultés peuvent se présenter, et qu'elles ont été tranchées comme suit par la jurisprudence. Il a été décidé notamment que malgré la clause d'une police d'assurances, l'urgence constatée par un arrêt justifie la compétence du juge des référés de la ville où le sinistre s'est produit, pour nommer un expert, les droits des parties réservés, ainsi que le rejet d'une exception fondée sur la prétendue nécessité d'une

(1) Paris, 17 juin 1891, *J. Av.*, t. 116, p. 328.

(2) Paris, 2 mai 1879, *J. Av.*, t. 97, p. 129 ; 17 juin 1891, *J. Av.*, t. 116, p. 328 ; Cass., 24 juillet 1888, D. 89.1.207.

(3) Cass., 11 juin 1891, *Gaz. Pal.*, 1891.1.743. — *Contrà* : Paris, 21 novembre 1868, S. 69.2.54.

(4) Bordeaux, 11 février 1890, D. 91.2.103.

(5) Montpellier, 6 novembre 1878, D. 80.1.174.

expertise amiable préalable à toute action judiciaire (1).
Il a été décidé également que le juge du référé nomme
valablement un expert, sur la demande de l'assuré pour
vérifier l'étendue du dommage résultant de l'incendie
d'une maison et des marchandises y contenues, alors
même que l'assuré et la compagnie d'assurances, en
conformité d'un article de la police, ont déjà fait procéder à une expertise amiable par des experts de leur
choix (2).

Terminons enfin en faisant remarquer que des difficultés peuvent surgir quand il s'agit de l'exécution d'une
décision de l'autorité publique, et qu'on s'est demandé
si une semblable exécution pouvait donner lieu à une
expertise en référé ; nous avons étudié cette question
dans une précédente partie (3).

(1) Req., 12 février 1889, D. 92.1.382 : « Attendu qu'en constatant
qu'il s'agissait d'une mesure urgente, d'un caractère purement conservatoire, et ne préjugeant pas le principal, l'arrêt dénommé a par
là même justifié la compétence en référé du Président du Tribunal
civil du Mans où l'incendie s'était produit, et où l'expertise demandée devait nécessairement avoir lieu ; qu'en effet, en établissant
une procédure spéciale fondée sur l'urgence, le législateur, ainsi
que l'indique l'article 554 du Code de procédure civile a nécessairement entendu que, hors le cas d'incompétence *ratione materiæ*, le
juge compétent serait celui du lieu où les constatations doivent être
faites ; qu'autrement les parties seraient exposées à des retards préjudiciables, et que l'intérêt de célérité qui sert de fondement à cette
procédure ne recevrait plus satisfaction, qu'au principal d'ailleurs
tous les droits sont réservés... ». V. D. 95.2.152.
(2) Cass., 30 octobre 1889, D. 90.1.162, *Gaz. Pal.*, 1889, II, p. 530.
(3) V. *suprà*, p. 125, 131 et suiv.

CHAPITRE VII

CONTESTATIONS ENTRE ASSOCIÉS OU COMMUNISTES.

Les pouvoirs du juge des référés sont bornés à des mesures essentiellement provisoires qui ne peuvent préjuger le fond du procès : telle est la règle absolue dont nous venons de voir l'application en matière d'expertises à la suite d'incendie ; et telle est la règle également dont il faut se servir en matière de contestations entre associés ou communistes.

Les conflits qui existent entre ces derniers peuvent être rarement soumis au juge des référés, car presque toutes les sociétés sont commerciales, et dès lors, le juge des référés se trouve incompétent *ratione materiæ* (1). De plus les contestations entre associés ont souvent un caractère principal, et à ce point de vue encore, l'intervention du juge des référés est impossible (2).

Cependant la jurisprudence ne se conforme pas strictement aux principes de compétence que nous avons essayé de déterminer en matière de référé : ainsi elle décide que la mission donnée à un expert de procéder

(1) Paris, 2 janvier 1883 ; Rousseau et Laisney, 1883, p. 151 ; Paris, 9 mars 1883, *ibid.*, 1884, p. 177.
(2) Moreau, p. 234.

à l'inventaire et à l'estimation du matériel et de l'actif d'une société et de régler les comptes des associés, ne préjuge point le fond, et, dès lors n'excède pas les pouvoirs du juge statuant en référé (1).

Le véritable rôle du Président en matière d'exécution des contrats de société semble limité à l'examen des difficultés que soulèvent les demandes d'apposition ou de levée de scellés quant aux valeurs sociales.

(1) Cass., 20 juillet 1893, D. 93.1.597.

CHAPITRE VIII

CONTESTATIONS EN MATIÈRE DE VENTES PUBLIQUES.

Chacun des cohéritiers peut demander sa part en nature des meubles et immeubles dépendant d'une succession. Néanmoins s'il y a des créanciers saisissants ou opposants, ou si la majorité des cohéritiers juge la vente nécessaire pour l'acquit des dettes et charges de la succession, les meubles sont vendus publiquement en la forme ordinaire (art. 826, C. civ.); et s'il s'élève des difficultés, il peut être statué provisoirement en référé par le Président du Tribunal de première instance (art. 948, C. pr.) : par exemple le légataire particulier d'un corps certain s'oppose à la vente de l'objet mobilier qui lui a été légué et qui lui appartient aux termes de l'article 711 du Code civil.

En cas de saisie, le juge a le pouvoir d'intervenir dans une vente annoncée en matière mobilière ou immobilière (1).

Le juge des référés est incompétent pour ordonner la vente d'un objet donné en nantissement (Paris, 3 octobre 1839).

(1) Voir *infrà*, Vᵒ *Saisie-exécution*, p. 221, et Vᵒ *Saisie immobilière*, p. 215.

Lorsque l'opposition à la vente poursuivie en vertu de titres exécutoires ou de jugements est fondée soit sur la nullité du titre ou du jugement, ou sur la revendication de l'objet mis en vente, le juge des référés doit entendre les observations qui sont présentées et lire les pièces produites ; il doit apprécier dans sa sagesse la légitimité de l'obstacle opposé à la vente, et suivant le résultat de son examen, ordonner soit la continuation des poursuites, soit leur ajournement (1).

Le Président a le droit également de rendre une ordonnance pour protéger les droits qui dans une vente ordinaire mobilière ou immobilière seraient gravement compromis (2). Il peut prescrire toutes mesures pour sauvegarder les droits des intéressés ou des tiers : comme d'arrêter la rédaction définitive des clauses et conditions de la vente (3), comme d'autoriser certaines précautions pour garantir les intérêts d'associés (4), comme de faciliter l'examen et la vérification des objets mis en vente (5).

Ces diverses interventions du Président doivent toujours conserver un caractère exceptionnel. Aussi les difficultés qui peuvent s'élever au sujet de l'administration d'une faillite sont-elles soumises au juge-commissaire qui devient compétent pour en connaître

(1) Ord., Seine, 5 novembre 1878, *Gaz. Trib.*, 1878, p. 1079.
(2) Ord., Seine, 7 octobre 1876, *Gaz. Trib.*, 1876, p. 984.
(3) Bioche, Vº *Référé*, nº 115.
(4) Bertin, nº 1058.
(5) Rousseau et Laisney, Vº *Référé*, nº 156.

(art. 466, C. com.) à l'exclusion du juge des référés (1). Il a été jugé, à cet égard, que le Président ne peut autoriser un syndic à vendre les effets mobiliers et les marchandises dépendant d'une faillite, malgré qu'avant la nomination du syndic, le juge eût ordonné des mesures provisoires restées sans exécution (2) ; il a été jugé encore que, lorsque le juge-commissaire à une faillite avait ordonné une vente mobilière, une ordonnance de référé ne pouvait suspendre cette opération (3).

En un mot, quand il s'agit de mesures relatives aux opérations dites de la faillite — sauf en matière d'expulsion — le juge-commissaire seul est compétent (4) et notamment lui seul est compétent pour ordonner la vente du mobilier du failli et en régler le mode (art. 470, C. com.) (5).

Terminons cette étude sur les droits du juge des référés en matière de ventes en disant qu'il doit, lorsque la vente a été constatée par une adjudication publique, nonobstant la demande en nullité de l'adjudication, ordonner que l'adjudicataire sera mis en possession des lieux ou des objets vendus à l'aide de la force publique (6) et ordonner la consignation du prix de vente (7).

(1) *Contrà*, De Belleyme, t. II, p. 398.
(2) Paris, 4 janvier 1849, D. 49.5.194, S. 49.2.155 ; Paris, 19 janvier 1880, *J. Av.*, 1880, p. 324.
(3) Paris, 16 juin 1884, *Gaz. Pal.*, 1885, I, *Sup.*, p. 55 ; Paris, 6 mai 1867, S. 68.2.53.
(4) Lyon, 26 août 1853, D. 55.2.318.
(5) Dutruc, t. III, n° 115.
(6) Bertin, n° 1074.
(7) Bertin, n° 1043 et suiv.

CHAPITRE IX

Lorsqu'une atteinte quelconque est portée aux droits d'une personne sans titre et sans consentement du titulaire de ce droit, il est indispensable d'y porter remède : et comme la chose est urgente, le Président est naturellement compétent.

La mission de ce dernier en matière de voies de fait ainsi commises, se justifie d'elle-même. Nous verrons les diverses situations qui peuvent se présenter en matière de saisie-exécution, de saisie-arrêt, de saisie-gagerie, de servitudes, de bail, etc., et nous nous bornerons dans ce chapitre à déterminer les diverses décisions rendues dans des cas spéciaux où des atteintes violentes ont été portées soit à la propriété immobilière, soit à la propriété mobilière.

SECTION I. — Atteintes à la propriété immobilière.

Lorsque nous nous sommes efforcé de dégager les principes de compétence en cas d'urgence, nous avons établi que l'instance provisoire pour pouvoir être portée

en référé devait être l'accessoire d'une action principale ayant un caractère civil.

Certaines conditions doivent donc être observées pour
que le juge des référés puisse statuer en connaissance
de cause sur les contestations nées d'une voie de fait
qu'on lui soumet.

Aussi a-t-il été décidé avec raison que le juge du référé est incompétent pour statuer sur les réclamations
intentées à raison de dommages causés aux champs et
aux récoltes (1) ; sur la demande en mainlevée provisoire d'une saisie pratiquée par les agents de l'administration forestière (2) ; sur les questions possessoires (3), sur les matières de la compétence des Tribunaux administratifs (4), etc....

L'usurpation violente de la chose d'autrui est un
des principaux faits que ne saurait tolérer le Président,
les usurpations étant commises même par l'État ou les
communes : « Considérant, déclare un arrêt du Conseil d'État du 11 avril 1863 (5), que l'administration ne
peut prendre possession de terrains appartenant à des
particuliers pour y faire exécuter des travaux publics
qu'autant qu'il lui a été fait cession amiable de ces terrains ou qu'autant que leur expropriation a été pronon-

---

(1) Cass., 10 décembre 1872, D. 73.1.129 ; Aix, 20 janvier 1872,
D. 76.2.68.
(2) Cass., 28 juillet 1873, D. 76.1.212.
(3) Cass., 20 juillet 1882, D, 83.1.161 et note.
(4) Cass., 29 juin 1859, D. 59.1.391. V. *suprà*, p. 108 et suiv.
(5) D. 63.3.39.

cée par l'autorité judiciaire, après l'accomplissement des formalités prescrites par la loi, et à la charge d'une juste et préalable indemnité ; qu'il suit de là qu'au cas où il n'y a eu ni cession amiable, ni dépossession régulièrement prononcée d'un immeuble, ni règlement en paiement d'une indemnité préalable, l'autorité judiciaire peut prononcer la discontinuation des travaux entrepris sur un immeuble par l'administration, ou en vertu de son ordre ;... qu'après avoir protesté contre la prise de possession, la dame Gerbe s'est pourvue par voie de référé devant le Président du Tribunal civil de l'arrondissement... ; que l'autorité qui était compétente pour apprécier les titres de propriété produits par la dame Gerbe l'était également pour prononcer, s'il y a lieu, la discontinuation des travaux en attendant le jugement définitif de la question de propriété...... »

Le Président doit également statuer sur les faits et dommages résultant des agents de l'administration et des entrepreneurs, à l'occasion de travaux ne se rattachant pas directement à leur exécution, à toutes voies de fait sur une propriété privée, en dehors d'un ordre régulier de l'administration (1), du moment toutefois où les dommages ne sont pas temporaires (2).

Toute personne qui jouit d'un immeuble sans titre, commet également une voie de fait lorsqu'elle s'oppose à un déguerpissement exigé par le propriétaire légiti-

---

(1) Conseil d'Etat, 11 juin 1868, S. 69.2.189.
(2) Paris, 23 mars 1849 ; 30 août 1847, D., V° *Référé*, n° 232.

me (1) ; de même que celle qui ayant eu un droit d'occupation persiste à vouloir maintenir sa situation antérieure (2) ; de même enfin que toute personne à gages
qui ne veut vider les lieux, le contrat de louage ayant
pris fin (3).

SECTION II. — **Atteintes à la propriété mobilière.**

Une voie de fait est commise du moment qu'une personne détient indûment la chose d'autrui, du moment
qu'un tiers s'oppose sans motif à une restitution. Aussi
le juge des référés pourra-t-il intervenir sur la demande
du légitime propriétaire (4).

Il devra également intervenir lorsqu'un tiers mettra
des entraves à la remise de la correspondance au desti-
nataire (5) ; ou lorsqu'un tiers publiera sans droit une
lettre à lui adressée (6).

(1) Douai, 26 août 1861, *J. Av.*, 1861, p. 444.
(2) Cass., 23 juin 1852, D.54.1.363.
(3) Bertin, nos 815 et suiv. ; Rousseau et Laisney, Vo *Référé*, nos 109
et suiv. — *Contrà*: Paris, 1er fév. 1873, D.73.2.166.
(4) Ord. Seine, 26 sept. 1879, *Gaz. Trib.*, 1879, p. 942.
(5) V. *suprà*, p. 158 et suiv.
(6) Ord. Seine, 19 janv. 1888, *Gaz. Trib.*, 1888, p. 67. V. Moreau,
p. 242.

CHAPITRE X

Le juge peut ordonner le séquestre : 1° des meubles saisis sur un débiteur ; 2° d'un immeuble ou d'une chose mobilière dont la propriété ou la possession est litigieuse entre plusieurs personnes ; 3° des choses ou des sommes qu'un débiteur offre pour sa libération (art. 1961, C. civ.). Il peut et non doit (1).

Lorsque la nécessité du séquestre se produira au cours d'un débat engagé devant le Tribunal ou devant la Cour, c'est le Tribunal ou la Cour qui doit statuer sur la demande à fin de nomination d'un séquestre. S'il y a urgence, c'est le Président de la chambre saisie de l'instance principale qui doit statuer par voie de référé (Décret 30 mars 1808, art. 54).

L'intervention du juge des référés doit, conformément aux principes généraux qui s'imposent à sa compétence, ne pas se produire à l'occasion d'un débat commercial (2) et être justifiée par l'urgence (3).

Il peut y avoir lieu à séquestre, par exemple :

(1) Cass., 6 mai 1834, D.34.1.137.
(2) Paris, 9 mars 1883, *Gaz. Trib.*, 1883, p. 341.
(3) Cass., 13 juil. 1871, D.71.1.84 ; Paris, 22 mars 1875, *Gaz. Trib.*, 1875, p. 333 ; Paris, 5 mars 1885, *Le Droit*, 26 juil. 1885.

1° Si l'usufruitier ne fournit pas caution d'administrer en bon père de famille (art. 601, C. civ.) ;

2° Si les parties ne peuvent s'entendre sur l'administration de l'immeuble qui leur appartient par indivis ;

3° A des meubles ou à des immeubles saisis sur un débiteur (1) ;

4° Au cas de contestation sur la propriété d'un meuble ou d'un immeuble (2) ;

5° Au cas de saisie-immobilière, alors qu'il est nécessaire de placer sous la main de justice les fruits de l'immeuble (3) ;

6° Pour recevoir des mains des locataires les loyers saisis-arrêtés (4).

L'article 1961 du Code civil, qui énumère les cas où il y a lieu à nomination de séquestre n'est donc pas limitatif ; et il est certain que dans tous les cas où la nomination d'un séquestre pourrait être faite par le Tribunal, elle peut l'être à titre provisoire et d'urgence, par le juge des référés (5).

Quand un séquestre est nommé, le Président a le devoir de déterminer et de limiter ses pouvoirs, de ne lui attribuer que des pouvoirs d'administration, jamais

---

(1) Paris, 23 mars 1872, Bertin, n° 999 ; Bazot, p. 290.
(2) De Belleyme, t. II, p. 209 ; Bertin, n° 999.
(3) Bertin, *ibid.*
(4) Cass., 12 mars 1882, S. 82.1.342; Bertin, *ibid.* ; Cass., 10 juillet 1876, S. 76.1.105. Voir nombreuses applications indiquées par de Belleyme, t. II, p. 209 et suiv. ; Bertin, n°s 997 et suiv.
(5) Nancy, 28 décembre 1876, D. 76.1.313.

d'aliénation : le séquestre pourra donc en tous cas faire
les actes d'administration indispensables, et pourvoir
aux dépenses d'entretien (1), mais il ne pourra pas payer
sur les revenus les créanciers hypothécaires ou privilégiés (2), ni recevoir un salaire ou une part des bénéfi-
ces de l'administration qui lui est confiée (3), sinon l'ordonnance autorisant ces divers points serait entachée
d'excès de pouvoirs.

Il y a lieu à nomination d'un administrateur provisoire d'une communauté ou d'une succession par voie
de référé, du moment où celle-ci est litigieuse, quelle
que soit la procédure suivie (4). L'administrateur aura
pour mission de faire les actes conservatoires, de gérer
ou vendre le fonds de commerce, de donner congé, de
vendre les objets mobiliers, faire les paiements exigibles
et recouvrer les créances.

Un arrêt de la Cour de Paris du 18 novembre 1871
décide également que celui qui réclame une succession
comme légataire universel institué par un testament
olographe, et dont la qualité est contestée, est recevable à demander en référé, même avant son envoi en
possession, les mesures provisoires et urgentes qui
peuvent être nécessaires, et notamment la nomination
d'un administrateur provisoire (5).

(1) Paris, 26 août 1876, S. 76.2.317 ; Cass., 12 mars 1882, S. 82.1.
349.
(2) Paris, 26 août 1876 précité.
(3) Cass., 23 juillet 1878, S. 79.2.15.
(4) Riom, 12 novembre 1883, D. 85.2.64.
(5) S. 71.2.197 ; Douai, 3 décembre 1867, S.68.2.35, J. Av., 1868.

Le juge des référés est encore compétent pour nommer un notaire, un gérant en cas de décès d'un agent d'affaires (1), un gardien pour empêcher l'enlèvement du mobilier pendant les poursuites de folle enchère (2) ; pour nommer un dépositaire lorsqu'une revendication se produit au cours d'une saisie-exécution (3) ; pour nommer un surveillant lorsqu'on rentre et engrange des récoltes en cas de saisie-brandon (4) ; ou, lorsqu'une saisie-arrêt concourt avec une saisie-gagerie, pour indiquer au débiteur l'endroit où peut être fait le dépôt d'un objet dû autre que de l'argent.

On s'est demandé si le juge des référés pouvait nommer un séquestre pour la garde et l'administration des biens d'un débiteur en déconfiture. La Cour de cassation a décidé que non (5). De Belleyme (t. II, p. 211) et Bertin (n° 1007) sont contraires à cette décision : ils sont d'avis qu'un séquestre peut être nommé pour faire tous les actes d'administration et de liquidation, si tous les créanciers sont d'accord, ajoutant que ces sortes de décisions sont purement conservatoires et ne causent aucun préjudice au principal. La théorie de la jurisprudence et de Bazot (p. 295) paraît plus rationnelle : car

p. 240 ; Paris, 26 mars 1884, S. 86.2.28 ; Angers, 26 juin 1889, S. 89.2.237. — Comp. Paris, 3 juin 1891, S. 93.2.113.

(1) De Belleyme, t. II, p. 337.
(2) Paris, 16 février 1816, D. *Rép.*, V° *Référé*, n° 94.
(3) Paris, 7 août 1890, D. 91.2.161.
(4) Ord. Tours, 5 juillet 1882, *Gaz. Pal.*, 1881-82, II, p. 246.
(5) Cass., 17 janvier 1855, S. 55.1.97 ; Cass., 10 juillet 1876, S. 76.1.405.

il semble difficile d'admettre que par une simple ordonnance essentiellement provisoire, le Président puisse
faire ce que le Tribunal serait incompétent à ordonner,
et créer une situation juridique contraire à toutes les
dispositions de la loi.

TITRE II

RÉFÉRÉS SUR LES DIFFICULTÉS D'EXÉCUTION
DES TITRES EXÉCUTOIRES

L'article 806 du Code de procédure donne compétence au Président du Tribunal pour statuer sur les difficultés « qui naissent de l'exécution d'un titre exécutoire ou d'un jugement », qui se présentent en d'autres termes ou lors de l'exécution des actes notariés ou lors de l'exécution des décisions judiciaires.

Donc le Président est incompétent pour s'immiscer dans l'exécution des actes de juridiction répressive, et pour empêcher la réalisation d'arrêtés administratifs (1) ; sa compétence se borne à juger les incidents auxquels donne lieu toute exécution des décisions judiciaires et des titres parés, à juger par suite toute demande en discontinuation de poursuites fondée sur un fait inhérent au titre et nécessitant la discussion de celui-ci, ou à juger les litiges spéciaux aux procédures

---

(1) Douai, 6 mars 1872, D. 75.5.421 ; Bordeaux, 24 août 1875, D. 83.1.162 ; Limoges, 13 août 1888, D. 89.2.57 ; Rousseau et Laisney, Vº *Référé*, nº 190.

Le Président serait compétent toutefois pour statuer sur l'exécution d'un arrêté, soit du Conseil de préfecture, soit du Conseil d'Etat, lorsque son exécution a lieu par les voies ordinaires (Bertin, nº 239 ; Grenoble, 19 mars 1884, *Gaz. Pal.*, 1884, II, p. 610).

d'exécution, laissant en dehors des débats la force exécutoire du titre lui-même.

On a prétendu (D. *Rép.*, V° *Référé*, n° 169) que le juge des référés cesse d'être compétent pour statuer sur l'exécution d'un titre exécutoire lorsqu'il s'agit d'interpréter les conventions des parties. Cependant on a pu soutenir et il a été jugé que, même dans ces circonstances, le juge des référés peut intervenir pourvu qu'il y ait urgence et que sa décision ne soit pas de nature à préjuger le fond (1).

Le juge des référés doit ordonner purement et simplement l'exécution des titres qu'on lui soumet, dans les termes où ils ont été rédigés, et ce, alors même qu'il n'y a pas urgence (2) ; il ne peut se constituer réformateur de ces titres dont il doit se borner à prescrire, s'il y a lieu, la mise à exécution ; il ne peut en modifier les dispositions, ou en rectifier les erreurs (3) ; il n'a qu'à les examiner pour en tirer cette unique conséquence : l'ordre de continuer ou de discontinuer les poursuites (4).

(1) Montpellier, 6 novembre 1878, D. 80.2.174. V. cependant Lyon, 21 avril 1882, D. 83.2.72.
(2) Douai, 3 mai 1853, *J. Av.*, t. 78, p. 552 ; Nîmes, 17 juillet 1893, *J. Av.*, t. 118, p. 372 ; *Contrà* : Chauveau, quest. 2754 *bis*. V. *supra*, p. 80 et suiv.
(3) Lyon, 12 mai 1883, D. 84.2.39.
(4) Bazot, p. 321.
En matière de faillite, le juge des référés ne pourrait connaître de l'exécution des titres exécutoires avant le jugement déclaratif (*Contrà* : De Belleyme, t. II, p. 55 et suiv.), le juge commissaire étant seul compétent.

CHAPITRE PREMIER

DIFFICULTÉS RÉSULTANT DES TITRES EXÉCUTOIRES.

SECTION I. — **Difficultés en cas d'exécution de jugements.**

Le mot jugement dans l'article 806 du Code de procédure est très général : il comprend sans aucun doute les arrêts de la Cour de cassation aussi bien que les jugements de première instance (1) et que les arrêts même infirmatifs de Cours d'appel (2), à moins dans ce cas que l'arrêt ne laisse quelque chose à décider pour son exécution, un serment, une reddition de compte, une liquidation de dommages-intérêts, de dépens (3).

Seulement on discute la question de savoir quel sera le magistrat compétent. Appliquant strictement le texte de l'article 806 C. pr., la majorité des auteurs décident que c'est le Président du tribunal de première instance

(1) Cass., 17 décembre 1860, D. 61.1.299.
(2) Cass., 7 janvier 1885, S. 85.1.153 ; Cass., 3 juillet 1889, S. 90. 1.465 ; D. 90.1.229 ; Rousseau et Laisney, 1890, p. 222 ; Bertin, n°ˢ 250, 244 et suiv. ; Bioche, Vᵒ *Référé*, n°ˢ 172 et suiv. *Contrà*, De Belleyme, t. I, p. 380 ; Pigeau, t. 2, p. 493.
(3) Riom, 12 novembre 1883, D. 85.2.64. *Contrà* : Bertin, n°ˢ 262 et suiv. ; Bourges, 9 novembre 1870, D. 72.2.212 ; Amiens, 4 mars 1874, D. 76.2.48.

qui sera compétent (1). Mais quelques arrêts avaient primitivement jugé que, dans ces circonstances, le référé devait être porté devant la Cour qui avait rendu l'arrêt dont l'exécution était demandée : cette jurisprudence paraît aujourd'hui abandonnée (2).

En ce qui concerne l'exécution des autres titres judiciaires, l'intervention du Président se manifeste, qu'il s'agisse de jugements prononcés par les tribunaux civils, par les tribunaux de commerce, par les juges de paix en matière civile, par les Conseils de prud'hommes, ou qu'il s'agisse de sentences arbitrales rendues exécutoires, de jugements correctionnels ou de police, statuant sur des réparations civiles, d'exécutoires en matière de compte, de bordereaux de collocation, en matière d'ordre, etc.

La portée exacte de l'article 806 C. Pr. étant ainsi déterminée, passons rapidement en revue les difficultés qui peuvent se présenter en cas d'exécution des jugements.

Il est absolument certain qu'une poursuite ne pourrait avoir lieu vis-à-vis d'une personne qui n'aurait pas figuré au procès ; il est aussi évident que la condamnation pour être exécutée doit être certaine et liquide. Mais la partie poursuivie, tout en reconnaissant la vali-

---

(1) Carré, t. 3, p. 764 ; Favard, t. 4, p. 777 ; Thomine-Desmazures, t. 2, p. 393.

(2) D. Rép., Vᵒ Référé, nᵒˢ 7, 15, 175, 177. Conf. Pigeau, t. 2, p. 473, qui argumente de l'article 472 du Code de procédure ; Caen, 6 janvier 1872, D. 73.5.390.

dité du titre exécutoire, la certitude de la dette, peut prétendre que les formalités indispensables à l'exécution n'ont pas été observées, ou que la condamnation dont on cherche l'exécution n'a plus sa raison d'être, ou mérite de ne pas être acquittée de suite, ou enfin qu'il existe un recours suspensif de l'exécution. Quelle sera la valeur de semblables objections devant le juge des référés? C'est ce que nous allons examiner.

Inobservation des formalités nécessaires à l'exécution. — Il s'agit ici d'une question de fait : le juge aura à examiner si les formalités exigées ont été accomplies suivant que le jugement a été rendu contradictoirement, ou par défaut, ou qu'il émane d'une juridiction étrangère, etc... ; ou si les délais requis ont été observés suivant les personnes contre lesquelles l'exécution se poursuivra (parties en cause, héritiers de ces parties, tiers, etc...) (1).

Extinction de la condamnation. — Le juge des référés doit apprécier la demande à fin de suspension de poursuites lorsqu'elle est fondée sur l'une des causes d'extinction des obligations énumérées par l'article 1234 du Code civil.

Le paiement total ou partiel peut modifier la discontinuation des poursuites. En ce qui concerne le paiement total, pas de doute si le juge des référés constate que les paiements effectués sont bien applicables aux dettes en vertu desquelles les poursuites sont exercées. En ce qui

(1) Lyon, 12 mai 1883, D. 84.2.39.

concerne le paiement partiel, il ne peut en principe faire
obstacle à la continuation des poursuites ; mais le Président peut ordonner que si dans un délai de quelques
jours, le paiement n'est pas complété, les poursuites
seront continuées.

Novation. — Lorsque les parties ont fait une convention aux termes de laquelle le montant de la condamnation a été réglé en billets, et qui porte que, à
défaut de paiement à l'échéance des billets souscrits et
de ceux qui l'ont été antérieurement pour d'autres causes, le jugement reprendrait tout son effet, le juge des
référés doit ordonner la continuation des poursuites,
s'il est justifié du non-paiement d'un ou plusieurs des
billets énoncés dans la convention. Les poursuites doivent être discontinuées si les conventions postérieures
au jugement ont été exécutées (1).

Remise de dette. — Le magistrat des référés, quand
une remise de dette est alléguée, doit se borner à rechercher si les articles 1282 et 1283 du Code civil peuvent
s'appliquer pour éviter la continuation des poursuites.

Compensation. — Le juge des référés est compétent
pour résoudre provisoirement la question de savoir si
les poursuites doivent être discontinuées alors que le
débiteur prétend que sa dette est éteinte par compensation. La compensation ne saurait exister qu'autant
que la créance du débiteur est liquide et exigible : une

(1) Bertin, n° 134 ; De Belleyme, t. II, p. 24.

éventualité de créance ne saurait être invoquée par le débiteur poursuivi ; mais un compte facile à établir entre les parties pourrait l'être. En un mot, dès que la partie poursuivie justifie d'une compensation possible, la suspension provisoire de l'exécution doit être ordonnée (1).

Compte à faire. — Le Président, quand les parties ne s'entendent pas sur les acomptes versés peut les, renvoyer à compter, toutes choses demeurant en état.

La seule allégation d'un compte à faire, et même une demande principale à fin de compte, ne suffit pas cependant pour arrêter l'exécution d'un titre exécutoire ; il faut que des paiements, des imputations, des compensations rendent le compte nécessaire ; sans cela il serait trop facile d'éluder, par une assignation au principal, l'exécution du titre.

S'il résulte réellement des explications qu'il y a compte à faire, le Président peut ou régler le compte, ou renvoyer les parties devant un notaire pour l'établir, ou devant la Chambre des avoués, ou devant l'avoué le plus ancien (2).

Prescription. — Le Président doit apprécier provisoirement en référé si le titre cesse d'être exécutoire par sa prescription ou sa péremption et ordonner la discontinuation des poursuites (3).

(1) Paris, 3 mars 1889, *Gaz. Trib.*, 1889, p. 791. *Contrà* : Paris, 14 décembre 1879, *J. Av.*, 1880, p. 156.
(2) De Belleyme, t. II, p. 22.
(3) Rousseau et Laisney, V° *Référé*, n° 178.

Offres.— L'article 815 C.pr. déclare « que la demande qui pourra être intentée soit en nullité, soit en validité des offres ou de la consignation, sera formée d'après les règles établies pour les demandes principales ». Et d'autre part l'article 806 C. pr. dispose que le Président doit statuer provisoirement sur les difficultés relatives à l'exécution des titres exécutoires et des jugements. Comment donc concilier ces deux articles, étant donné que les offres constituent un obstacle, et, par conséquent, une difficulté relative à l'exécution ? D'une façon bien simple : c'est que le juge des référés doit connaître des offres, non pas pour juger la question de validité, mais pour apprécier provisoirement si elles sont de nature à arrêter l'exécution des poursuites, suivant leur suffisance ou leur insuffisance (1) ou l'admissibilité de leurs conditions. Il peut en ordonner dans ce cas la consignation ; et si la question est d'une solution difficile, discontinuer les poursuites à la condition de former dans les vingt-quatre heures la demande principale en validité, mais toujours à charge de consignation, condition légale de la libération.

Une simple consignation des causes de la poursuite sans offres préalables ne pourrait arrêter les poursuites : « Considérant que la consignation des sommes dues ne peut être valable et libératoire qu'autant qu'elle a été précédée d'offres réelles régulières ; qu'en effet les offres

---

(1) Rousseau et Laisney, Vᵒ *Référé*, nᵒ 179 ; Paris, 26 février 1884, S. 86.2.204.

réelles préalables ont pour but de mettre le créancier à même de les accepter ou de donner les motifs de son refus, d'établir que les oppositions alléguées n'existent pas, ou de les mettre en mesure d'en rapporter la main-levée ; considérant qu'il n'est pas contesté que la consignation n'a pas été précédée d'offres réelles, et que dès lors le juge des référés était compétent puisqu'aucune demande principale n'était formée, et qu'il n'a pas statué sur des oppositions dont l'existence n'était pas invoquée ; qu'ainsi il a pu valablement ordonner la continuation des poursuites, confirme (1) ».

Demande de délais. — La question est encore aujourd'hui très controversée de savoir si le juge des référés peut accorder un terme de grâce, et, d'une manière plus générale, suspendre l'exécution d'un titre exécutoire. Les uns veulent que le juge des référés ait le droit d'appliquer l'article 1244 du Code civil et de faire surseoir à toute poursuite durant l'intervalle de temps stipulé : « Il se présente des circonstances tellement puissantes qu'à défaut d'un texte contraire, dit De Belleyme, t. I, p. 450, il faut accorder au Président une faculté dont il ne doit, au surplus, user qu'avec une extrême réserve. Si le débiteur d'un billet, de loyers, du prix d'un fonds de commerce ou d'immeuble prouve, au moment de la vente des objets saisis ou de la délivrance du certificat de folle enchère, qu'il a payé des

_____

(1) Paris, 24 décembre 1853. De Belleyme, t. II, p. 26 ; Bertin, nᵒˢ 962 et suiv.

acomptes ; s'il offre réellement un nouvel acompte formant la moitié, les trois quarts de la dette, plus tous les frais ; s'il justifie, en outre, de ressources réelles pour payer le reliquat, dans un court délai, le Président ne peut refuser un délai (1) ».

La doctrine contraire paraît cependant prévaloir aujourd'hui ; elle a été adoptée par les auteurs et les arrêts les plus récents (2). On ne voit pas en effet, comment le juge des référés aurait le droit d'accorder un terme de grâce, lorsque les poursuites sont exercées en vertu d'un jugement, car, dans ce cas, le tribunal lui-même ne pourrait pas concéder cette faveur au débiteur (art. 122, C. pr.).

Existence d'un recours suspensif de l'exécution. → Les recours contre un jugement peuvent être de diverses natures. Si un jugement a été prononcé par défaut, soit contre avoué, soit contre partie, l'opposition est recevable ; et comme l'opposition suspend l'exécution, naturellement du moment qu'elle est formée dans les délais et dans les formes voulues par la loi, on doit en conclure que le juge du référé peut statuer sur le mérite de l'opposition, décider si le titre est exécutoire, s'il n'existe aucun obstacle à l'exécution du jugement (3).

Inutile d'ajouter que si l'exécution d'un jugement a

(1) V. Larombière sur art. 1244, n° 23 ; Marcadé, art. 1244, n° 3 ; Dutruc, n° 123 ; Wassy, 15 février 1876, *J. Av.*, t. 104, p. 230.

(2) Paris, 25 septembre 1884, D. *Rép.*, *Sup.*, V° *Référé*, n° 52, S. 85. 2.193 ; Besançon, 10 février 1892, D. 94.2.168 ; Rouen, 18 mars 1892, *ibid.* ; Bioche, V° *Référé*, n°° 183 et suiv.

(3) Paris, 30 décembre 1887, Rousseau et Laisney, 1888, p. 386.

été prononcée nonobstant opposition et sans caution, le juge du référé n'est plus compétent pour suspendre les poursuites.

Quant aux sentences arbitrales rendues par défaut, elles ne sont en aucun cas susceptibles d'opposition (art. 1016. C. proc.) pas même devant les arbitres jusqu'au moment du dépôt de la sentence, parce qu'ils ne peuvent se réformer, et que la sentence signée est acquise aux parties.

L'opposition à l'ordonnance d'exequatur peut seule donner lieu à une suspension de l'exécution si l'arbitrage est volontaire, c'est-à-dire résultant d'un compromis et dans les cas prévus par l'article 1028 du Code de procédure ; mais non si l'arbitrage est forcé, c'est-à-dire ordonné par l'article 614 du Code de commerce.

L'appel entraîne la suspension de l'exécution des jugements qualifiés en premier ressort, et de ceux qui ne sont ni qualifiés, ni déclarés exécutoires nonobstant appel.

S'il est allégué que le jugement a été, à tort, qualifié en premier ou dernier ressort, ce n'est pas en référé que le réclamant doit se pourvoir, mais devant la Cour, conformément aux articles 457 et suivants du Code de procédure (1).

S'il est allégué que l'appel a été fait tardivement, ou s'il est allégué quelque autre cause relativement à la

_____

(1) Montpellier, 11 décembre 1841, D. 42.2.164.

validité de l'acte d'appel, le magistrat, siégeant au provisoire, est également sans pouvoir (1).

Du moment où il s'agit de jugements passés en force de chose jugée, de jugements non susceptibles d'appel, de jugements qualifiés en dernier ressort, de jugements déclarés exécutoires par provision, ou jugements exécutoires provisoirement de plein droit (D. *Rép.*, V° *Jugement*, n° 589), l'acte d'appel reste sans effet ; et il est incontestable que le juge des référés ne peut ordonner de surséance à l'exécution (2).

Enfin, malgré l'existence d'un acte d'appel, le juge des référés doit également ordonner la continuation des poursuites lorsqu'il s'agit de jugements déclarés exécutoires moyennant caution, et de jugements exécutoires de plein droit moyennant caution, c'est-à-dire les jugements des Tribunaux de commerce. Seulement il existe ici une différence : c'est que les formalités prescrites par l'article 404 du Code de procédure pour la présentation de la caution, en cas d'exécution provisoire d'un jugement émané du Tribunal de Commerce, ne sont pas applicables à la justification de la solvabilité du créancier et qu'en pareil cas il appartient au juge des référés, saisi sur les poursuites exercées par le créancier, d'apprécier la solvabilité de celui-ci, et, si elle lui

---

(1) Besançon, 31 octobre 1888, D. 90.2.15.
(2) Montpellier, 26 mai 1854, D. 55.5.580 ; Toulouse, 13 juillet 1848, D. 49.2.42; Paris, 14 août 1884, *Gaz. Pal.*, 1885, t. 1, *sup.*, p. 5; Paris, 25 novembre 1848, D. 49.5.181.

paraît suffisamment établie, d'ordonner la continuation de ces poursuites sans caution (1).

Le pourvoi en cassation n'étant pas suspensif de l'exécution des jugements et arrêts, on doit, en référé, ordonner la continuation des poursuites.

Il en est de même pour la requête civile et la tierce opposition (2).

En résumé, il est hors de doute qu'en référé le Président du Tribunal n'a pas le droit d'arrêter l'exécution d'un jugement, sans distinguer même entre l'exécution provisoire et l'exécution définitive (3). Cependant, si en principe le juge des référés ne peut pas ordonner la suspension de l'exécution d'un jugement, rien ne s'oppose à ce qu'il prononce la suspension des poursuites, du moment que cette mesure ne préjudicie pas au principal, ou même impartisse un délai à l'effet de se pourvoir au principal ; mais il ne peut ordonner la discontinuation indéfinie de poursuites, comme l'a décidé la Cour de Toulouse (4). Il est vrai que l'arrêt rendu par cette dernière a soin de relever que la discontinuation ordonnée est provisoire ; mais en quoi diffère-t-elle d'une discontinuation pure et simple, du moment où le juge ne fixe aucun délai pour le sursis et ne met pas le défendeur en demeure de se pourvoir au principal.

---

(1) Paris, 3 mai 1855, D. 55.2.166.
(2) Paris, 2 janvier 1883, D. 83.2.141. — *Contrà* : Rousseau et Laisney, 1887, p. 343.
(3) Paris, 24 février 1887, D. 88.2.99.
(4) Toulouse, 20 janvier 1891, D. 92.2.71.

SECTION II. — **Difficultés en cas d'exécution**
d'actes notariés.

De même que les référés ont été institués pour sta
tuer provisoirement sur les difficultés relatives à l'exécution forcée des jugements sur les biens des débiteurs,
de même ils l'ont été pour statuer sur les difficultés relatives à l'exécution forcée des titres exécutoires : et il
faut entendre par l'expression exécution non seulement
la saisie mobilière et immobilière, mais toutes les voies
d'exécution dont les titres sont susceptibles.

Tout d'abord, pour les actes notariés, comme pour
les jugements, le premier devoir du Président sera de
vérifier si le titre est exécutoire, s'il l'est particulièrement contre celui auquel on l'oppose ; puis il aura à
surseoir aux poursuites, lorsque le débiteur établira
l'existence soit d'un paiement, soit d'une novation, soit
d'offres réelles (1), soit d'une compensation (2), etc. ;
ou bien lorsqu'il sera formé contre l'acte mis à exécution une inscription de faux principale ou incidente (3)
ou une demande en nullité.

Quant à la question de savoir si le Président a le pouvoir d'accorder un terme de grâce quand il s'agit d'un

(1) Paris, 20 avril 1877, *Gaz. Trib.*, 1877, p. 430.
(2) *Contrà* : Paris, 27 janvier 1872, *J. Av.*, t. 97, p. 209 ; 14 décembre 1879, *J. Av.*, t. 105, p. 156.
(3) D., *Rép.*, Vº *Référé*, nº 74.

acte notarié, elle est controversée. Une certaine doctrine refuse le droit d'accorder un terme de grâce même
au Tribunal civil : il est évident que les partisans de
cette doctrine donnent la même solution pour le juge
des référés. Mais en admettant, avec une autre opinion,
que le Tribunal civil ait le droit d'accorder un terme de
grâce pour l'exécution d'un acte notarié, doit-on refuser ce droit au juge des référés ? Oui, sans aucun doute :
d'abord, parce qu'il s'agit d'une prérogative qu'aucun
texte ne lui accorde ; ensuite, parce que, dans l'esprit
de la loi, la mission du juge des référés n'est pas d'empêcher l'exécution, mais de la faciliter ; enfin parce
que accorder un terme de grâce, c'est manifestement
toucher au fond du droit et changer la nature de la
créance (1).

(1) Bioche, V° *Référé*, n°⁺ 183 et suiv. ; Paris, 24 février 1887, D. 88.
2.99 ; V. sur la question Bertin, n°⁺ 168 et suiv.

CHAPITRE II

L'exécution forcée — par opposition à l'exécution volontaire — comporte des droits réels, et des droits de famille comme quand il existe un devoir moral de faire ou de ne pas faire (obligation pour la femme d'habiter avec son mari ; droit de correction ; dette alimentaire). Elle consiste soit en une obligation de délaisser, c'est-à-dire de remettre une chose matériellement, ou un corps certain qui est entre les mains du débiteur, soit en une obligation de faire ou de ne pas faire, et alors, comme il est impossible de contraindre matériellement le débiteur, elle se résout en dommages-intérêts.

Trois modes de poursuites peuvent être usités : 1° l'exécution directe ; 2° la contrainte par corps ; 3° la saisie des biens du débiteur.

SECTION I. — Exécution directe

L'exécution directe est l'accomplissement même des mesures ordonnées par une décision judiciaire. En cas de condamnation d'une partie à faire ou à ne pas faire, à donner ou à restituer quelque chose (comme par exem-

ple, abattre des arbres, ne pas construire certains
ouvrages nuisibles, rendre un objet), le créancier
peut, suivant les circonstances, procéder lui-même à
l'exécution ; et pour obtenir la réalisation du jugement
obtenu, des difficultés plus ou moins graves peuvent
nécessiter son recours en référé ; mais, comme ces difficultés peuvent constituer pour la plupart des questions
de fait, elles ne sont soumises à aucune règle et ne mé-
ritent pas qu'on s'y arrête.

SECTION II. — Contrainte par corps.

La loi du 22 juillet 1867 a supprimé la contrainte par
corps en matière commerciale, en matière civile et
même contre les étrangers. Elle est seulement maintenue pour l'exécution des jugements, arrêts et exécutoires portant condamnation, au profit de l'État, à des
amendes, restitutions et dommages-intérêts en matière
criminelle, correctionnelle ou de police ; et, en faveur
des particuliers, pour réparation des crimes, délits ou
contraventions commis à leur préjudice.

L'exercice de la contrainte par corps qui se produisait
fréquemment avant la loi du 22 juillet 1867 est devenu
très rare ; aussi devons-nous nous borner à des indi-
cations sommaires au sujet des principales difficultés
qui se produisent en cette matière devant le juge des
référés.

Les articles 780 et suivants du Code de procédure civile, jusques et y compris 785, indiquent les formalités de procédure et les conditions dans lesquelles l'arrestation doit être opérée. L'article 786 dispose que : « Si le débiteur requiert qu'il en soit référé, il sera conduit sur le champ devant le Président du Tribunal de première instance du lieu où l'arrestation est faite, lequel statuera en état de référé : si l'arrestation est faite en dehors des heures de l'audience, le débiteur sera conduit chez le Président. »

Cet article offre une garantie à la personne qu'on arrête : celle-ci a le droit de se faire conduire en référé devant le Président du Tribunal civil, et devra être relâchée, si elle prouve, par exemple, qu'elle n'est pas le débiteur contre qui la contrainte par corps a été prononcée, que les formes de l'arrestation n'ont pas été accomplies, ou qu'elle est porteur d'un sauf-conduit régulier. Mais le Président ne peut examiner les causes de la condamnation ; tout son pouvoir se borne à statuer provisoirement sur la régularité des formes de l'arrestation, par exemple, sur l'heure, le lieu de l'arrestation, ou même sur la prétention élevée par le débiteur qu'il a payé le montant de la condamnation. Le débiteur peut demander à être conduit en référé, tant que l'emprisonnement n'est pas effectué (1).

_____

(1) Toulouse, 30 avril 1825 ; Douai, 23 nov. 1839; D. *Rép.*, V° *Contrainte par corps*, n° 888 ; Bertin, n°s 1233 et suiv.

SECTION III. — **Diverses saisies.**

§ 1. — Saisie immobilière.

En thèse générale, on ne peut admettre que le Président soit en matière de saisie immobilière compétent pour statuer en référé. Il l'est cependant pour ordonner un sursis au commandement, lorsqu'une instance en nullité de celui-ci est pendante devant le Tribunal (1); Dalloz (*Rép.*, V° *Référé*, n° 213) pense qu'on ne doit pas accepter cette opinion : 1° parce qu'aux termes du Code de procédure, un mois doit s'écouler entre le commandement et la saisie, ce qui est un délai suffisant pour que le débiteur se mette en mesure de remplir ses engagements ; 2° parce qu'il s'agit d'un titre exécutoire et que provision lui est due ; 3° parce que si deux instances existaient pour cet incident, l'une en référé, l'autre au principal, les décisions pourraient être opposées l'une à l'autre, ce qui occasionnerait une sorte de conflit de juridiction. Nous ne pouvons nous arrêter à ces objections, car nous devons constater que la sommation préalable ne constitue pas un acte d'exécution, et que par suite les difficultés auxquelles elle peut donner lieu ne peuvent être considérées comme un incident de la procédure de saisie immobilière ; l'opposition au

(1) Bordeaux, 30 avril 1829, D. *Rép.*, V° *Référés*, n° 212.

commandement est une action principale qui est soumise aux règles ordinaires de la compétence (1).

En matière de saisie immobilière, les poursuites proprement dites ne commencent donc que lors de la saisie. Quelle est, à partir de ce moment, la compétence du juge des référés?

La saisie immobilière est réglée par des formes prescrites à peine de nullité, dans des délais déterminés : aussi aucun sursis, aucune prolongation de délais ne peut être accordé par le Président ; aucune libération par paiement, compensation ou autrement, aucune exception d'offres réelles ne peut être invoquée devant le Président, qui, dans ces divers cas, devra se borner à renvoyer les parties à se pourvoir au principal (2).

Ce qui est au pouvoir du Président, c'est, au cas d'urgence, d'ordonner la nomination d'un administrateur, si l'immeuble a été abandonné, la nomination d'un gérant à l'exploitation au cas de saisie d'animaux et d'ustensiles servant à l'exploitation des terres, l'établissement d'un séquestre au cas d'expulsion du saisi (3).

Lorsque les immeubles expropriés portent des fruits pendants par racine, la coupe et la vente en tout ou en partie peuvent en être ordonnées par le Président : les fruits sont vendus aux enchères ou de toute autre manière indiquée par le Président du Tribunal (art. 681,

---

(1) Trib. Gray, 22 novembre 1881, D. 82.3.38. Note.
(2) *Contrà* : Paris, 30 avril 1840, D. *Rép.*, Vº *Référé*, nº 211.
(3) Bioche, Vº *Référé*, nºˢ 130 et suiv,

C. pr.) ; le créancier poursuivant ne peut faire procéder à la coupe ou à la vente des fruits sans l'autorisation du Président (1); le dépôt du prix de vente à la Caisse des Consignations sera ensuite ordonné.

En dehors de ces cas prévus par l'article 681 du Code de procédure civile, le Président peut ordonner le dépôt à la Caisse des loyers immobilisés (2), l'expulsion du saisi qui dégrade ou laisse dépérir l'immeuble saisi, la mainlevée de l'opposition formée à la délivrance par le greffier du certificat nécessaire à la poursuite de folle enchère (3), l'exécution des clauses du cahier des charges, la remise des titres, etc., et, au cas de poursuite de vente pour folle enchère, ordonner que les lieux seront visités aux jours et heures par lui indiqués, si le fol enchérisseur refuse de laisser voir les lieux (4), ou que l'immeuble sera confié à un séquestre.

Comme la saisie immobilière, ainsi que l'a très bien

---

(1) Grenoble, 3 juillet 1827, S. 28.2.169, D. 28.2.146.

(2) Bertin, n° 901, reconnaît au juge du référé le droit d'ordonner les réparations urgentes. De Belleyme (t. 2, p. 77) refuse ce droit : « On ne doit pas en référé, même à la requête du créancier hypothécaire et comme mesure conservatoire de son gage, ordonner des réparations au bien hypothéqué ou des mesures conservatoires même pour une somme modique, ou autoriser à relouer les lieux, même à la condition de les quitter en prévenant les locataires quinze jours à l'avance seulement. Souvent sous prétexte de réparations urgentes, on fait des dépenses inutiles dont on demande le paiement par privilège au préjudice des créanciers. Il faut refuser de pareilles autorisations à moins de péril et ne les autoriser qu'après constat pour faire cesser seulement le péril (Rome, 6 juillet 1811). »

(3) Bertin, n° 922.

(4) De Belleyme, t. II, p. 109.

fait remarquer De Belleyme (t. II, p. 75), constitue une
procédure spéciale dans laquelle tous les incidents doivent se réunir, les difficultés qui y sont relatives doivent
en général être jugées, suivant les règles ordinaires, par
le Tribunal de première instance (Paris, 22 août 1827):
aussi ne peut-on statuer en référé, ni même suspendre
les poursuites, ou renvoyer le référé à l'audience, toutes
choses en état, sur les questions relatives à la validité du
pouvoir spécial, à la revendication d'une partie ou de la
totalité de la propriété, au refus de payer le prix pour
attendre l'effet des notifications de la vente aux créanciers, au refus par la caution de payer jusqu'au résultat
de l'ordre sur le débiteur principal, à la saisie faite sur
le failli avant l'échéance du terme ; on ne peut en référé
suspendre une poursuite de saisie immobilière pour
vendre le bien par licitation, à moins du consentement
des parties (1) ; on ne peut en référé statuer sur le refus
du conservateur de transcrire une nouvelle saisie parce
qu'une première saisie a été transcrite, quoiqu'elle ait
été abandonnée ou soit restée sans suite (2).

Une fois l'immeuble exproprié vendu, le prix doit en
être distribué aux créanciers ; c'est la procédure d'ordre
qui s'ouvre alors. Que deviendra la compétence du Président ? « Pendant l'instance d'ordre, aucune difficulté,
aucune mesure ne peuvent être présentées en référé,

---

(1) D. *Rép.*, V° *Référé*, n° 214.
(2) De Belleyme, t. II, p. 75 et suiv.

c'est une procédure spécialement réglée par la loi, et dans laquelle tous les incidents doivent entrer (1). »

Ce principe est incontestable, même lorsqu'il s'agit d'un ordre amiable notarié : « On ne peut en référé, dit De Belleyme (t. II, p. 85), ordonner contre les créanciers hypothécaires, contestants ou défaillants, l'exécution d'un ordre amiable dressé par acte notarié. » Et il ajoute : « En général, les contestations des créanciers inscrits ou opposants n'ont pour objet que d'obtenir une meilleure part, ou faire de la procédure et des frais. Il est bien à regretter que la loi, en autorisant l'ordre amiable, n'ait pas donné les moyens d'y procéder malgré la résistance injuste d'un créancier exigeant. Il n'y a plus que deux parties, la masse et le contestant : on devrait pouvoir porter de suite la contestation à l'audience sans procéder par voie d'ordre. J'ai ordonné plusieurs fois en pareilles circonstances l'exécution d'ordres amiables et les ordonnances ont été exécutées. »

Cette décision pratique—en opposition complète avec la théorie—a été suivie, mais avec ce correctif, c'est qu'il est toujours permis de revenir sur l'attribution faite au profit du créancier : « L'ordonnance de référé ne statuant qu'au provisoire ne saurait être assimilée à un bordereau de collocation ayant force de chose jugée ; en conséquence, elle ne peut opérer au profit du créancier qui l'obtient attribution définitive de la somme qu'il est au-

(1) De Belleyme, t. II, p. 86.

torisé à toucher à la Caisse des Dépôts et Consignations ;
cette ordonnance ne peut que décharger cette dernière de l'obligation de garder la totalité des fonds ; mais
le créancier désormais détenteur desdits fonds en demeure comptable vis-à-vis des autres ayants droit (1).

L'adjudicataire ne pourrait pas non plus se libérer de
son prix par voie de référé ; il ne peut le faire qu'en ob-
servant les formalités de l'article 777 du Code de procédure, car « on substituerait une procédure nouvelle
aux dispositions si sages et si précises que le législateur
a édictées en matière de purge et de radiation » (2).

Bornons-nous à remarquer que l'article 806 du Code
de procédure conférant au juge des référés le droit de
connaître provisoirement des difficultés relatives à
l'exécution des titres exécutoires et des jugements, il est
incontestable que le juge des référés est compétent pour
statuer sur les difficultés qui se produisent à l'occasion
de la mise à exécution d'un bordereau de collocation ;
il a le droit notamment, si un créancier colloqué ou l'un
des cohéritiers vendeurs ne peut toucher le montant de
son bordereau, soit à cause d'opposition, soit pour toute
autre cause, d'autoriser les autres parties colloquées à
toucher les portions du prix qui leur ont été attribuées,
en laissant, soit entre les mains de l'acquéreur, soit à
la Caisse des Consignations, somme suffisante pour le
paiement des créanciers dont le paiement est ajourné,

(1) Trib. Seine, 9 février 1882, *Gaz. not.*, 18 avril 1882.
(2) Lyon, 21 avril 1882, S. 83.2.158, *Gaz. Pal.*, 14 août 1882, p. 341.

mais il ne peut statuer nonobstant les oppositions des créanciers non colloqués, et nonobstant les oppositions des créanciers chirographaires antérieurs ou postérieurs au règlement définitif ; il peut également rectifier les erreurs matérielles des noms, prénoms, dates et calculs qui existent dans les bordereaux de collocation (1) ; il peut encore statuer sur le refus de paiement du prix d'un immeuble, à défaut de remise des titres, lorsqu'il n'y a pas contestation sur l'existence, la nature des titres, leur mérite et la justification des propriétés ; il peut statuer enfin en cas d'existence d'une juste cause d'éviction ; mais en aucun cas il ne peut statuer sur les difficultés relatives à l'exécution des dispositions des bordereaux de collocation, car alors c'est le fond même que l'on attaque, et la décision du Président devrait faire pour l'une ou l'autre des parties préjudice au principal (2)

§ 2. — Saisie-exécution.

Cette saisie étant le mode légal d'exécution des titres exécutoires et des jugements, la compétence du Président en référé se trouve ainsi consacrée en thèse géné-

(1) Nous dirons toutefois que si la réparation de l'erreur avait pour résultat de modifier pour quelques-uns des créanciers l'ordre établi par le juge-commissaire et le règlement définitif, le Président en référé porterait évidemment préjudice au principal, et il semble qu'il devrait renvoyer à se pourvoir au principal ; la réparation d'une prétendue erreur matérielle pourrait bouleverser toute l'économie de l'ordre (D. *Rép.*, V° *Référé*, n° 199).

(2) V. sur ces questions les arrêts cités par de Belleyme, t. II, p. 88 et suiv.

rale par la nature même de la saisie, et, en outre, par les dispositions de l'article 806 du Code de procédure civile.

Partant de cette idée, de Belleyme décide (t. II, p. 1) que le juge des référés a le droit de statuer sur toutes les difficultés de forme et au fond relatives à la saisie-exécution.

Pour rechercher les droits du juge des référés en cette matière, passons en revue les diverses phases de la procédure :

Tout d'abord la saisie-exécution doit être précédée d'un commandement ; si sa validité est contestée, le juge pourra statuer, comme il pourra rechercher si les poursuites sont faites par le véritable créancier ou en son nom, si la créance en vertu de laquelle on agit est liquide, certaine et exigible, comme il pourra statuer sur la qualité du débiteur.

L'huissier, un jour après le commandement, procédera à la saisie : s'il ne trouve personne au domicile du débiteur, il demandera, en référé, l'autorisation de procéder à l'ouverture des portes en présence du commissaire de police, et si le débiteur ou quelqu'un pour lui ne se présente pas, on apposera les scellés sur les papiers (art. 591, C. proc.) (1). S'il existe plusieurs saisies des mêmes objets, le juge des référés doit accorder la poursuite au premier saisissant ; cependant cette règle n'est pas absolue ; le juge des référés peut, suivant

(1) Un séquestre ne pourrait être nommé dans ce cas. Paris. 12 février 1853, D. 55.5.408.

les circonstances, donner la préférence à la saisie la plus ample, à la créance la plus considérable, au créancier le plus diligent (1).

La saisie à laquelle l'huissier procédera portera sur tout le mobilier appartenant au débiteur, et même sur les objets indivis avec des tiers ou hors de son domicile (2) : exception est faite pour les objets mobiliers que la loi déclare insaisissables. Aussi pourra-t-on statuer en référé sur les difficultés relatives aux objets saisis en ce qui concerne le saisissant, le saisi et le tiers, et sur la manière de les désigner pour empêcher toutes substitutions (3) ; on pourra même ne permettre la saisie que jusqu'à concurrence de la somme nécessaire pour payer la créance (4).

Un gardien à la saisie sera constitué ; et si des difficultés relatives à sa constitution, à sa qualité, à sa solvabilité, à son remplacement, à sa demande en décharge sont soulevées, l'intervention du Président pourra être requise (5).

Et si des exceptions sont proposées, comme celles de paiement, novation, etc..., nous savons quels sont les devoirs du Président. Qu'il nous suffise d'ajouter que si le juge des référés est compétent dans certains cas pour ordonner la discontinuation des poursuites de

(1) Bertin, n° 873.
(2) D. *Rép.*, V° *Saisie-exécution*, n° 70.
(3) Bioche, V° *Saisie-exécution*, n° 55.
(4) De Belleyme, t. II, p. 10, Contesté.
(5) Ord. Seine, 7 février 1884, *Gaz. Trib.*, 1884, p. 131.

saisie-exécution, il ne saurait lui appartenir au lieu d'en arrêter provisoirement les effets d'en prononcer la nullité (1) ; et que quelques jours avant l'époque fixée pour la vente, le juge des référés ne pourrait recevoir la demande du débiteur dans l'objet unique d'obtenir un délai pour le paiement (2).

Au moment de la saisie, des tiers peuvent réclamer la propriété des meubles.

En principe, il est indiscutable que lorsque le Tribunal est saisi d'une réclamation, le juge du référé est incompétent pour statuer sur des questions qui rentrent dans celles qui sont en instance (3). Par suite le juge des référés ne peut non seulement statuer expressément sur la demande en revendication, mais même, en ordonnant la vente des objets saisis, trancher implicitement, d'une manière irréparable, la question de revendication déjà soumise au Tribunal (4).

En dehors de ces cas : « nécessairement il y a lieu à référé pour décider si, nonobstant la réclamation, il sera procédé à la saisie, car il s'agit de l'exécution d'un titre exécutoire, et il ne peut suffire d'une réclamation ordinairement mal fondée pour la paralyser. En déclarant qu'il n'y a lieu à référé sur une question de propriété, le Président refuserait la provision au titre ; il ferait triompher

---

(1) Toulouse, 12 février 1893, S. 93.2.273.
(2) Bordeaux, 23 mai 1835, D. *Rép.*, V° *Référé*, n° 208.
(3) Aix, 19 janvier 1887, *Rec. Aix,* 1887, p. 412.
(4) Paris, 16 février 1887, *Gaz. Trib.*, n° du 15 avril 1887.

l'obstacle, et le plus souvent, la fraude, en donnant au débiteur de mauvaise foi le temps et le moyen de vendre ou détourner les meubles ou les marchandises au préjudice du créancier. Il doit donc statuer provisoirement sur l'obstacle à l'exécution du titre nonobstant la question de propriété. Une jurisprudence constante a admis les distinctions suivantes : Si la réclamation est évidemment frauduleuse ou dénuée de toute justification, par exemple, si la vente ou le bail est postérieur aux poursuites et à la saisie ; si le débiteur est resté en possession sans livraison des objets mobiliers, on ordonne la continuation des poursuites avec d'autant plus de raison que le réclamant peut, après la saisie, se pourvoir au principal en revendication (art. 608, C. pr.) et dans ce cas, il est sursis à la vente jusqu'à ce qu'il ait été statué sur l'action principale. Si la réclamation repose sur des titres justificatifs de la propriété, par exemple un bail, des quittances de loyers, contributions, patentes et autres documents certains et antérieurs aux poursuites, si le réclamant est seul en possession, on ordonne la discontinuation des poursuites. Si la réclamation présente une contestation sérieuse, on prend une mesure conservatoire, en ordonnant provisoirement que les poursuites seront continuées jusqu'à la vente exclusivement afin de conserver les droits du saisissant et de laisser au réclamant la faculté de faire statuer sur sa réclamation avant la vente » (1).

(1) De Belleyme, t. II, p. 32.

Cette façon d'envisager la question est juste au point de vue pratique, bien qu'aux termes de l'article 608 du Code de procédure civile toutes questions de propriété doivent être appréciées par le Tribunal du lieu de la saisie (1) ; mais la jurisprudence a outrepassé les mesures indiquées par De Belleyme (2) ; et ce n'est que par un retour à l'étude des principes que certains arrêts ont trouvé deux moyens de nature à décourager les revendications peu sérieuses : le premier qui consiste à exiger du revendiquant une caution destinée à garantir les dommages-intérêts auxquels, lors du jugement de la demande au fond, il pourrait être condamné vis-à-vis du saisissant (3) ; le deuxième qui consiste à mettre sous séquestre les objets saisis quand ils sont l'objet d'une revendication (4).

La compétence du juge des référés en matière de revendication d'objets saisis est des plus contestées, et aucun principe ne semble être observé dans la plupart des arrêts (5).

Après la saisie, les réclamations doivent être faites pour suspendre la vente par exploit signifié au gardien,

---

(1) Rousseau et Laisney, V° *Référé*, n° 133.

(2) Paris, 7 août 1890 ; 12 janvier 1891, D. 91.2.161 et note.

(3) Paris, 12 juillet 1887, loi, n° 4, décembre 1887. Selon nous, le juge du référé excède ses pouvoirs en imposant une consignation au demandeur en revendication (Paris, 16 février 1887, *Gaz. Trib.*, n° du 15 avril 1887 ; Paris, 3 décembre 1886, Rousseau et Laisney, 1887, p. 67).

(4) Paris, 21 janvier 1887, Rousseau et Laisney, 1887, p. 195 ; Paris, 7 août 1890, D. 91.2.161.

(5) V. arrêts rapportés, D. 86.2.95 et 92.2.435, S. 86.2.105 et 128.

et dénoncé au saisissant et au saisi, avec assignation libellée, contenant l'énonciation des preuves de propriété, à peine de nullité (art. 608, C. pr.) ; en l'absence de ces formalités, le juge doit se déclarer incompétent (1). Mais les tiers doivent nécessairement obtenir en référé une remise à la vente des meubles saisis-exécutés lorsqu'ils se sont conformés à l'article 608 (2).

Les oppositions des créanciers du saisi ne peuvent faire obstacle à la vente du mobilier mis sous la main de la justice.

Le créancier gagiste ne peut empêcher que la saisie-exécution ne se poursuive sur l'objet donné en gage. La vente doit être au contraire arrêtée lorsqu'une saisie-arrêt régulière est pratiquée entre les mains du saisi par un créancier de la partie poursuivante (art. 1242, C. civ.) (3), comme lorsqu'elle n'a pas été fixée conformément aux articles 595 et 613 du Code de procédure civile.

La vente de meubles saisis-exécutés doit avoir lieu conformément à l'article 617 du Code de procédure au plus prochain marché public, aux jours et heures ordinaires, ou un jour de dimanche ; le Tribunal peut néanmoins permettre de vendre les effets en un autre lieu plus avantageux (Berlin, n° 1070, accorde ce droit même au Président en cas d'urgence).

(1) Paris, 27 janvier 1872, D. 72.2.111.
(2) Paris, 11 février 1847, D. 47.5.413, *J. Av.*, t. 72, p. 628 ; 19 mars 1885, D. 86.2.95 ; 10 avril 1885, *J. Av.*, t. 110, p. 25. — *Contrà* : Paris, 1er avril 1882, D. 83.2.127 ; 21 mars 1885, D. 86.2.95.
(3) Limoges, 4 février 1847, D. 47.4.431.

Le juge du référé ne pourrait convertir la vente judiciaire en vente volontaire (1).

La vente terminée, lorsque les biens d'un débiteur sont insuffisants pour solder les créanciers, il est fait entre eux une distribution par contribution des deniers proportionnellement aux créances reconnues légitimes, conformément aux articles 656 et suivants du Code de procédure.

Lorsqu'une distribution amiable est arrêtée entre les créanciers, on peut autoriser en référé le retrait des sommes déposées à la Caisse des consignations, parce que la Caisse ne rembourse que sur un ordre de justice ; et on peut aussi, si un créancier opposant se refuse à l'arrangement amiable, autoriser en référé à déposer avec affectation spéciale les causes de son opposition, et à retirer le surplus pour la distribution (2).

S'il s'élève des difficultés à l'occasion d'une contribution judiciaire, le juge des référés est incompétent, « ces difficultés étant des incidents de cette procédure ». Aussi ne doit-on point autoriser en référé la vente de l'inscription de rente sur laquelle s'ouvre l'ordre ou la contribution et le dépôt du prix à la Caisse des consignations, soit avant, soit après le règlement provisoire ; c'est une mesure incidente qui intéresse tous les créanciers, parties à l'ordre, puisqu'il s'agit de réduction d'intérêts et l'une des parties peut demander à conserver sa portion

(1) Paris, 24 janvier 1881, J. Av., 1881, p. 54.
(2) Bertin, nos 925 et suiv.

de rente en nature, s'il est possible. Après le règlement provisoire surtout, le créancier est propriétaire de sa collocation sauf contestation : on ne peut donc la dénaturer en la vendant (1). Mais le juge des référés est compétent pour statuer sur l'exécution des décisions judiciaires intervenues dans ou sur la contribution.

§ 3. — Saisie-brandon.

La saisie-brandon n'est qu'une saisie-exécution modifiée, ayant pour but de mettre sous la main de justice des choses immobilières pour les faire vendre comme meubles. Par suite, tous les développements consacrés à la saisie-exécution s'appliquent également à la saisie-brandon.

En cette dernière matière, ce seront particulièrement des mesures conservatoires qui seront ordonnées, comme par exemple la nomination d'un séquestre chargé de surveiller la rentrée et l'engrangement des récoltes jusqu'à la décision définitive (2).

§ 4. — Saisie de rentes.

On statue en référé sur les difficultés relatives à la saisie-exécution de rentes en ce qui touche seulement les formalités d'exécution (art. 686 et suiv., C. pr.).

Les questions relatives à la nature des rentes saisies (constituées, perpétuelles, viagères, alimentaires, sur

(1) De Belleyme, t. II, p. 66 ; Lyon, 9 février 1871, D. 71.2.127.
(2) Tours, 5 juillet 1882, *Gaz. Pal.*, 1881-82, II, p. 246.

l'État, pour prix d'immeubles), sont principales et renvoyées au Tribunal (1).

SECTION IV. — **Autres mesures d'exécution.**

Outre les procédures qui sont poursuivies en vertu des titres exécutoires et qui ont exclusivement pour but l'expropriation mobilière ou immobilière d'un débiteur, il en est d'autres dont le juge des référés est également appelé à s'occuper : ce sont celles qui constituent plutôt des actes de garantie ou de conservation et peuvent être exercées soit en vertu de titres authentiques ou privés, soit en vertu d'autorisations accordées par le Président du Tribunal civil, par le Président du Tribunal de commerce.

§ 1. — Saisie-arrêt.

La saisie-arrêt a un double caractère : elle est un acte purement conservatoire au début de la procédure qui a exclusivement pour but et pour effet d'empêcher le tiers saisi de se libérer au préjudice du saisissant ; elle ne devient une mesure d'exécution que par l'effet du jugement de validité qui attribue au saisissant la propriété des sommes saisies (2).

La saisie-arrêt peut être formée soit en vertu d'un titre, soit en vertu d'une permission du juge (art. 557 et 558, C. proc.).

(1) De Belleyme, t. II, p. 63.
(2) Cass., 28 décembre 1881, D. 82.1.317.

Saisie-arrêt faite en vertu d'une permission du juge. —
Le juge ne pouvant statuer sur une requête à fin de saisie-arrêt que d'après les pièces produites par le saisissant, il est à craindre que le défaut de tout débat contradictoire permette parfois à un créancier de mauvaise
foi de surprendre la religion du magistrat et d'obtenir
de lui une autorisation dont les conséquences peuvent
être irréparables pour le débiteur. Aussi a-t-on admis
la possibilité pour le juge de décider dans son ordonnance autorisant la saisie-arrêt qu'il lui en serait référé
en cas de difficultés. Nous avons examiné cette question au titre IV de la 3ᵉ partie (1); il est, par suite, inutile d'y revenir. Qu'il nous suffise d'ajouter, en ce qui
concerne le droit de rétractation de l'ordonnance accordée au Président, que ce droit étant général, il
peut empêcher ou restreindre la saisie, même en dehors des cas d'exposé inexact, par exemple pour
motif d'insaisissabilité des sommes saisies ou de revendications de la part de tiers (2). Qu'il nous suffise encore d'ajouter que si l'on admet que le Président du
Tribunal de commerce est compétent pour autoriser
une saisie-arrêt (3), comme il ne peut insérer dans son
ordonnance une réserve de référé, aucun recours devant la juridiction des référés ne serait possible (4).

(1) V. *suprà*, p. 137 et suiv.
(2) *Contrà* : Paris, 10 mai 1848, D. 49.2.252.
(3) De Belleyme, t. I, p. 141.
(4) Aix, 25 janvier 1877, D. 78.2.246.

Saisie-arrêt en vertu d'un titre. — Tout créancier peut, en vertu de titres authentiques ou privés, saisir-arrêter, entre les mains d'un tiers des sommes et effets appartenant à son débiteur (art. 557, C. proc.); il suffira que l'exploit de saisie-arrêt contienne l'énonciation du titre et de la somme pour laquelle elle est faite (art. 559, C. proc.).

Sans doute, le juge des référés sera incompétent pour statuer sur la validité de la saisie-arrêt, car il préjugerait le principal (1) : mais pourrait-il donner mainlevée de la saisie-arrêt, ou autoriser à recevoir nonobstant une saisie-arrêt pratiquée en vertu d'un titre irrégulier, ou lorsque l'opposition lui paraît absolument mal fondée ?

En principe, le juge des référés ne peut pas donner mainlevée d'une saisie-arrêt pratiquée en vertu d'un titre, parce que sa compétence est limitée aux mesures provisoires et que la mainlevée est une mesure définitive (2). Bertin et Bazot ont professé une opinion contraire. D'après Bertin (n° 153), la demande en mainlevée ne met pas en question le fond du droit, parce qu'elle ne peut jamais constituer une instance principale : « Lorsque, dit-il, le Tribunal est mis en demeure de statuer à l'occasion d'une saisie, le demandeur ne se borne pas à conclure à la validité de la saisie ; il soutient qu'il est créancier ; cette question, résolue affir-

_____

(1) Bertin, n°s 834 et suiv.
(2) De Belleyme, t. I, p. 223 et suiv.; Bilhard, p. 29 ; Paris, 28 novembre 1876 et 14 avril 1877, D. 78.2.244.

mativement ou négativement, a pour conséquence la
solution de la question accessoire de savoir si la saisie
doit ou non être déclarée valable. La principale question est donc celle relative au droit de créance ; la question accessoire de la validité de la saisie ne porte que
sur la mise à exécution du droit. La nature de la demande en validité ou en mainlevée de la saisie ainsi
précisée, il en résulte que cette demande ne pouvait se
produire devant le Tribunal qu'accessoirement à celle
du droit de créance et comme moyen d'exécution, elle
ne saurait par elle-même constituer le principal. »

Bazot soutient la même opinion en termes différents :
« Je veux, dit-il (p. 357), revenir sur la question de savoir si le juge des référés est compétent pour permettre,
dans certains cas d'urgence, au débiteur saisi de toucher
provisoirement tout ou partie des sommes saisies-arrêtées. Afin de mieux marquer la nuance, je ne dirai pas :
le juge des référés peut-il donner mainlevée de la saisie-
arrêt ? ce qui paraîtrait impliquer une décision définitive ; je me demande seulement si ce magistrat a qualité
pour autoriser provisoirement le débiteur saisi à toucher
tout ou partie des sommes saisies..... Malgré l'opinion
contraire qui a généralement cours, je persiste à penser,
avec M. Bertin, que, dans certaines circonstances, ce
droit appartient au juge des référés. »

On voit de suite les vices de ces théories : quand on
dit que les ordonnances de référé ne doivent point faire
préjudice au principal, on entend le principal par op-

position au provisoire et non à l'accessoire ; quand on parle d'une mainlevée de saisie, on entend une mainlevée pure et simple et non une mainlevée provisoire, chose du reste inadmissible puisque le paiement fait par le tiers saisi crée un état de choses définitif, et a pour résultat de le dessaisir des sommes sans lesquelles il n'y a plus de saisie-arrêt.

On doit donc tenir pour certain que le juge des référés excède ses pouvoirs lorsqu'il prononce la mainlevée d'une saisie-arrêt faite en vertu d'un titre : cette règle est générale, mais non absolue.

Dans certains cas exceptionnels, la jurisprudence et les auteurs ont admis que le juge des référés pouvait autoriser le saisi à recevoir nonobstant une saisie-arrêt formée en vertu d'un titre, par exemple :

1° Si l'acte en vertu duquel la saisie a été pratiquée ne contient pas d'obligation de la part de celui auquel il est opposé ;

2° Si le titre ne porte pas obligation ou condamnation contre le débiteur ;

3° Si le titre ne s'applique pas au débiteur ;

4° S'il consiste dans un contrat de vente qui ne mentionne pas de prix ;

5° S'il s'agit d'une donation qui n'ait pas été reçue par devant notaire ;

6° Si l'acte est entaché d'une nullité évidente indiscutable : il n'est pas signé ; c'est un contrat synallagmatique qui n'est pas fait double ; c'est un jugement périmé faute d'exécution dans les six mois ; c'est une obligation souscrite par un mineur, un interdit, etc. (1) ; c'est un billet à ordre opposé à l'un des endosseurs mais non protesté en temps utile (2) ; c'est une lettre de change déclarée sans valeur par jugement (3) ;

7° Si le débiteur justifie d'une manière irrécusable avoir payé (4) ;

8° Si le titre ne constate qu'une obligation à terme ou conditionnelle (5) ;

9° Si la saisie-arrêt a été faite sans titre ;

10° Si elle n'a jamais été dénoncée (6) ;

11° Si la créance, en vertu de laquelle l'opposition a été pratiquée, était subordonnée à une condition qui a défailli (7).

La règle à laquelle peut se référer les diverses décisions se dégage de la théorie des nullités, telle qu'elle a été exposée par Aubry et Rau (t. I, § 37) : « La nullité est l'invalidité ou l'inefficacité dont un acte est frappé comme contrevenant à un commandement ou à une défense de la loi. Il ne faut donc pas confondre avec les actes nuls les actes inexistants ou non avenus. L'acte qui ne réunit pas les éléments de fait que suppose sa

---

(1) Bertin, n° 159.
(2) Bazot, p. 358.
(3) Paris, 12 mai 1885, *Gaz. Trib.*, 1885, p. 979.
(4) Bertin, n° 159.
(5) *Ibid*.
(6) Paris, 8 mars 1892, D. 93.2.327.
(7) Paris, 16 septembre 1874, D. 78.2.245.

nature ou son objet, et en l'absence desquels il est logiquement impossible d'en concevoir l'existence, doit être considéré non pas seulement comme nul, mais comme non avenu. Ainsi on ne pourrait concevoir de convention sans le concours du consentement de deux parties, ni de vente sans chose vendue et sans prix. Il en est de même de l'acte qui n'a pas été accompagné des conditions et des solennités indispensables à son existence, d'après la lettre ou l'esprit du droit positif (*Forma dat esse rei*). L'inefficacité de pareils actes est indépendante de toute déclaration judiciaire. Elle ne se couvre ni par la confirmation, ni par la prescription. Il appartient à tout juge de la reconnaître, même d'office. »

Le juge des référés sera donc compétent toutes les fois que l'opposition aura été pratiquée en vertu d'un titre qui doit être considéré comme inexistant ou non avenu : il sera incompétent toutes les fois que la saisie-arrêt aura été faite en vertu d'un titre simplement nul.

Ainsi, le juge ne pourra pas prononcer la mainlevée de la saisie :

1° Si la créance énoncée dans l'exploit de saisie-arrêt est contestée (1).

2° Si elle résulte d'une simple lettre (2).

3° Si le jugement en vertu duquel l'opposition est faite n'est ni enregistré, ni expédié, ni signifié (3).

(1) Paris, 1ᵉʳ avril 1854, D. 54.5.639.
(2) Paris, 12 août 1881, *Gaz. Pal.*, 1881-82, 1, p. 145.
(3) Paris, 11 mars 1880, Rousseau et Laisney, 1880, p. 321.— *Contrà* : De Belleyme, I, p. 225.

4° Si le jugement par défaut a été frappé d'opposition ou d'appel, à moins qu'il ne soit exécutoire par provision (1).

5° Si les sommes saisies-arrêtées sont insaisissables (2).

Le juge des référés peut-il restreindre ou cantonner la saisie-arrêt lorsqu'elle porte sur des sommes hors de proportion avec la prétendue créance du saisissant ? Bazot (p. 360) se prononce pour l'affirmative. Cette opinion ne peut être suivie ; car d'abord, par application de l'article 557 du Code de procédure, il y a indisponibilité totale des valeurs saisies-arrêtées et ensuite, il y a impossibilité pour le juge des référés à prononcer la mainlevée partielle d'une opposition aussi bien que pour en ordonner la mainlevée totale (3).

Mais le Président du Tribunal peut, assurant l'exécution d'un arrêt qui valide une saisie-arrêt, décider que le tiers saisi versera au saisissant des sommes saisies-arrêtées, sans tenir compte d'autres saisies pratiquées postérieurement à la décision de la Cour (4).

Dans la pratique, pour remédier aux inconvénients résultant du fait de l'existence d'une saisie pour une somme supérieure à la cause des poursuites, on use d'une procédure spéciale vivement discutée et ainsi ré-

(1) Paris, 22 juin 1867, D. 67.2.159.
(2) Paris, 28 avril 1876 et 14 février 1877, D. 78.2.242.
(3) D. Rép., V° Référé, n° 148 ; Bordeaux, 17 mars 1858, D. 59.2.6. — Contrà : Paris, 17 février 1874, D. 74.1.144, note contraire.
(4) Cass., 7 janvier 1885, D. 85.1.192 ; Gaz. Pal., 1885, I, p. 332.

sumée par Bazot (p. 168) : « La partie saisie cite le saisissant et le tiers saisi en référé devant le Président du
Tribunal. Elle demande à ce magistrat à être autorisée
à toucher le montant de la somme saisie, mais en laissant à la Caisse des dépôts et consignations des valeurs
suffisantes pour assurer le paiement des causes de la
saisie. Et pour empêcher que de nouvelles oppositions
venant à frapper ces valeurs n'amènent une contribution entre le saisissant actuel et les nouveaux saisissants, elle consent dès à présent transport et saisine au
saisissant de la somme qui sera reconnue lui être due
par le jugement de validité. Le Président rend une ordonnance conforme qui équivaut à une cession, et le saisi
peut alors toucher, sans dommage, pour le saisissant,
tout ce qui excède la somme consignée » (1). Il faut
mentionner que la jurisprudence accorde au juge du
référé compétence pour réduire l'effet d'une saisie-arrêt lorsqu'elle frappe des sommes ayant un caractère
alimentaire (2).

Saisie-arrêt sans titre ni autorisation présidentielle.
— La loi ne permet de pratiquer une saisie-arrêt que
de deux manières : en vertu d'un titre, ou en vertu
d'une permission du juge. Cependant, dans la pratique,
on rencontre très fréquemment des oppositions (des

---

(1) Paris, 1ᵉʳ et 18 août 1876, D. 79.2.241 ; Paris, 16 août 1883, D.
84.2.145; Berlin, nᵒ 845; Poitiers, 4 août 1887, D. 88.2.239.— *Contrà* :
Orléans, 29 mars 1849, D. 49.2.223 ; Paris, 2 janvier et 14 octobre
1874, D. 79.2.241 ; Paris, 8 janvier 1884, D. 84.2.145.
(2) Paris, 5 mars 1895, D. 95.2.448.

défenses, comme l'on dit plutôt) signifiées sans titre ni permission, et qui dans l'usage ne sont pas dénoncées. Le juge des référés peut-il, dans ce cas, autoriser, nonobstant l'opposition, le paiement des sommes arrêtées? Sans aucun doute ce droit lui appartient : c'est ce qu'ont jugé les diverses chambres de la Cour de Paris saisies de cette question (1).

§ 2. — Saisie-gagerie.

Tout bailleur a le droit de pratiquer saisie-gagerie sur les meubles garnissant la maison ou la ferme, pour assurer le paiement des loyers échus et des autres créances naissant du bail, pourvu qu'elles soient exigibles. Cette saisie-gagerie doit être précédée d'un commandement, et la loi veut qu'il s'écoule un jour d'intervalle entre cette sommation et le procès-verbal de saisie (art. 819, C. pr.). Toutefois le bailleur peut saisir instantanément et sans sommation, s'il obtient la permission du juge, par ordonnance sur requête.

Mais, quel que soit le mode de poursuites, la saisie-gagerie constitue en principe, comme la saisie-arrêt, un acte conservatoire qui ne devient un acte d'exécution que par le jugement de validité.

Lorsque le bailleur demande au Président du Tribunal l'autorisation de pratiquer instantanément saisie sur

(1) Paris, 1re ch., 17 février 1874, D. 78.2.241.244 ; 8 mars 1892, D. 93.2.329 ; 3e ch., 29 janvier 1892, D. 92.2.421 ; 4e ch., 11 août 1876, D. 78.2.241.245 ; 6e ch., 23 novembre 1887, D. 88.2.294 ; et la 7e ch., 16 février 1893, D. 94.2.247.

les effets mobiliers du locataire ou fermier, ce magistrat peut comme en matière de saisie-arrêt, accorder cette autorisation à charge de lui en référer en cas de difficultés, et se donner ainsi des pouvoirs en quelque sorte absolus au point de vue du maintien ou de la levée de la saisie (1).

Lorsque le bailleur au contraire procède à une saisie-gagerie en vertu de l'article 819 du Code de procédure, le juge des référés ne peut intervenir que si la procédure est incontestablement irrégulière, par exemple lorsque la saisie est pratiquée immédiatement après le commandement, lorsque les fermages ou loyers réclamés ne sont pas échus, lorsque le locataire justifie les avoir payés ou offre de les payer à deniers découverts ; en dehors de ces cas, la mainlevée de la saisie-gagerie ne pourrait être obtenue devant la juridiction des référés, quand bien même le locataire émettrait des réclamations pour trouble à sa jouissance, etc. (2).

Le magistrat des référés ne peut, lorsqu'une saisie a été pratiquée en vertu d'un titre, statuer sur les revendications des tiers : il pourrait seulement suspendre la vente jusqu'au jugement de la revendication (3).

De plus, il peut, si le propriétaire s'oppose à l'enlèvement des objets servant à un négoce, au transport de

---

(1) Toulouse, 31 décembre 1894, D. 96.2.6.
(2) De Belleyme, t. I, p. 263.
(3) De Belleyme, t. I, p. 268. — *Contrà* : Bazot, p. 329.
(4) De Belleyme, t. I, p. 274.

marchandises fabriquées, autoriser la sortie de ces objets (4); il peut également, lorsque des difficultés naissent du concours d'une saisie-gagerie avec d'autres saisies, ordonner des mesures conservatoires, sans trancher le débat au fond, prescrire une consignation des sommes ou nommer un séquestre (1).

Reste une question à résoudre : le juge des référés peut-il, alors qu'aucune contribution n'est ouverte, ordonner que le propriétaire sera payé sur le prix de la vente du mobilier, alors d'ailleurs que sa créance absorbe le prix de vente ?

« Lorsque les loyers (2) échus absorbent le reliquat de la vente mobilière, déduction faite des frais de vente seulement après taxe, et lorsqu'une contribution n'est pas ouverte, on autorisait en référé le propriétaire ou le principal locataire à recevoir ce reliquat en déduction des loyers privilégiés. Pigeau atteste que tel était l'ancien usage du Châtelet. Cependant la jurisprudence varie sur cette question, et, après avoir reconnu que les frais du référé n'excèdent pas, en ce cas, ceux de l'ordonnance du juge-commissaire à la contribution, j'ai adopté la jurisprudence du Châtelet comme plus expéditive, lorsqu'il n'y a pas de contestation sur la réclamation du propriétaire ; en cas de contestation, le Président doit renvoyer à la contribution. »

(1) Moreau, p. 162.
(2) De Belleyme, t. I, p. 278.
(3) Rouen, 16 mai 1862, D. 76.2.69 ; Paris, 29 mai 1875, D. 76.2.69.

Ce dernier point est absolument certain (3) ; car, s'il statuait en ce cas le Président reconnaîtrait un privilège, ce qu'il ne saurait faire (1).

Quant à la première solution, elle reste contestée et contestable. Elle est généralement admise par la Cour de Paris (2), mais elle a été repoussée par plusieurs arrêts de la même Cour (3) et aussi par un arrêt de la Cour de Caen du 6 mai 1864 (4). Bertin est de ce dernier avis (n° 758): « Aux termes de l'article 661 du Code de procédure, le propriétaire doit appeler la partie saisie et l'avoué le plus ancien en référé devant le juge-commissaire à la contribution pour faire statuer préliminairement sur son privilège pour raison de loyers dus. Ces formalités protectrices ne pouvant être accomplies devant le juge des référés, il est certain que ce juge ne saurait être compétent. »

Cette théorie de la Cour de Caen est trop rigoureuse : en droit elle est bien fondée lorsque les parties assignées par le propriétaire font défaut (5) ; mais l'autre

(1) Cass., 3 août 1847, S. 47.1.729, D. 47.1.306.

(2) Paris, 12 septembre 1839, D. *Rép.*, V° *Dist. par contribution*, n° 76 ; Paris, 17 janvier 1872, *J. Av.*, 1872, p. 93 ; Paris, 5 août 1873, D. 76.2.69 ; Caen, 13 décembre 1883, *Recueil de cette cour*, 1884, p. 104, *La Loi*, 24 février 1884; Paris, 6 août 1891, D. 94.2.307.

(3) De Belleyme, t. I, p. 280.

(4) Caen, 6 mai 1864, S. 64.2.91, D. 76.2.69.

(5) Dans la pratique, le juge des référés statue même lorsque les parties font défaut, mais alors sa décision est essentiellement provisoire : le propriétaire n'est que détenteur des sommes touchées sur le produit de la vente (Bazot, p. 265 ; Bioche, V° *Référé*, n° 117).

théorie peut se soutenir en droit du moment où toutes les parties sont présentes, car alors le Président ne fait que constater un contrat judiciaire — ce qui est de sa compétence — en vertu duquel les parties consentent l'attribution au propriétaire.

§ 3. — Saisie foraine.

Tout créancier peut, même sans titre, sans commandement préalable, mais avec la permission du Président, par ordonnance sur requête, ou celle du juge de paix, faire saisir les effets trouvés en la commune qu'il habite appartenant à son débiteur forain (art. 822 C. pr.).

Cette saisie a un caractère conservatoire et ne devient une mesure d'exécution que par le jugement validant la saisie et ordonnant la vente.

Le Président du Tribunal peut, dans son ordonnance, insérer la réserve de lui en référer en cas de difficultés, et alors statuer dans les conditions que nous savons (1) ; mais il est incompétent pour mettre obstacle à l'exécution d'une ordonnance rendue par le juge de paix pour une saisie foraine, à moins que la partie poursuivie n'ait exercé une voie de fait.

§ 4. — Saisie-revendication.

La saisie-revendication est l'exercice d'un droit réel sur une chose possédée par un tiers.

On ne peut saisir-revendiquer qu'en vertu d'une per-

(1) De Belleyme, t. I, p. 254.

mission du juge sur requête (art. 826, C. pr.). Cette autorisation ne s'accorde ordinairement que sous réserve de référer, et laisse au juge un grand pouvoir d'appréciation, comme en matière de saisie-arrêt, saisie-gagerie, saisie foraine.

Si le tiers refuse l'ouverture des portes ou s'oppose à la saisie, on en réfère au juge ; et, après avoir pénétré dans l'immeuble où doit se faire la saisie-revendication, si le tiers s'oppose à ce que l'huissier se livre à une perquisition aux fins de découvrir les effets mobiliers qui doivent être revendiqués, on en réfère également au juge.

Le propriétaire peut saisir-revendiquer : les meubles de son locataire, comme gage affecté au paiement des loyers, qui ont été transportés chez un tiers sans son consentement ; la chose volée ou perdue ; le dépôt ; les effets mobiliers vendus sans terme et non payés, tant qu'ils sont en la possession de l'acheteur ; les objets saisis-exécutés et détournés par le débiteur saisi et tous autres ; la chose dont il s'est dépossédé volontairement et momentanément. Dans ces cas, le propriétaire peut faire ordonner en référé que les meubles détournés ou volés seront réintégrés dans les lieux (1).

Lorsqu'au moment de la saisie-revendication un tiers réclame la propriété des objets, on ordonne la continuation ou la discontinuation des poursuites suivant les distinctions établies pour la saisie-exécution.

(1) De Belleyme, t. I, p. 289.

§ 5. — Saisie-contrefaçon.

« Les propriétaires de brevet, déclare l'article 47 de la loi du 5 juillet 1844, pourront, en vertu d'une ordonnance rendue sur requête par le Président du Tribunal de première instance, faire procéder par tous huissiers, à la désignation et description détaillées avec ou sans saisie, des objets prétendus contrefaits. »

Pour cette saisie, comme pour les autres, le Président qui s'est réservé le droit, en cas de difficulté, de rapporter son ordonnance, peut modifier cette ordonnance sur un référé introduit par la partie saisie, alors du moins que celle-ci n'a été assignée en contrefaçon devant le Tribunal compétent que postérieurement à l'introduction du référé (1).

Il a été jugé que le Président du Tribunal commet un excès de pouvoir, lorsque, après avoir conformément à l'article 47 précité, nommé un expert pour aider l'huissier dans la description d'un appareil contrefait il donne en référé pour mission à cet expert « de déclarer si l'objet saisi offre assez d'analogie avec celui porté au brevet pour faire l'objet d'une saisie-contrefaçon » (2), et de même lorsque, dans ces conditions, il rétracte absolument la permission de faire décrire et saisir accordée par sa première ordonnance, et prive le demandeur en

(1) Paris, 10 août 1889, D. 91.2.23.
(2) Paris, 22 juillet 1885, *J. Av.*, t. 110, p. 467.

contrefaçon du bénéfice des constatations qu'il avait obtenues (1).

§ 6. — Saisie conservatoire.

Si le Président du Tribunal civil peut rendre des ordonnances sur requête, le Président du Tribunal de commerce le peut également, mais dans des cas moins nombreux.

Il peut notamment autoriser les assignations à bref délai, les saisies-arrêts (art. 417, C. pr.), les saisies conservatoires, nommer des experts dans le cas de l'article 106 du Code de commerce, rendre exécutoires les sentences d'arbitres forcés, etc...

Les décisions rendues en ces matières doivent naturellement échapper au contrôle de la justice civile, et, par conséquent, du juge des référés. Cependant celui-ci peut avoir à intervenir.

En matière de saisie conservatoire, l'autorisation de saisie accordée par le Président du Tribunal de commerce échappe absolument au contrôle du Président du Tribunal de première instance (2). Il n'appartient pas non

---

(1) Cass., 31 mai 1886, D. 87.1.59.

(2) Controverse sur l'article 417 du Code de procédure. Cet article établissant un droit d'opposition contre l'ordonnance au profit de la partie lésée, on s'est demandé si le juge du recours était le Tribunal de première instance, le Président du Tribunal de commerce ou le Tribunal de commerce; on est généralement d'accord pour décider que l'opposition doit être portée devant le Tribunal de commerce. Rousseau et Laisney, Vo *Saisie conservatoire*, no 11. V. Paris, 11 février 1847, D. 47.4.413. — *Contrà* : Bertin, no 860.

plus au Président du Tribunal civil statuant en référé, d'ordonner un sursis à l'exécution de l'ordonnance régulièrement rendue par le Président du Tribunal de commerce en se fondant par exemple sur les faits de la cause et sur cette circonstance que les objets destinés à être saisis se trouvant sous les scellés et inventoriés, et des séquestres étant nommés, l'objet essentiel de l'ordonnance de saisie était rempli (1) ; ni de statuer sur les revendications des tiers (2).

Mais il peut intervenir du moment que le créancier outrepasse les termes de l'autorisation et se rend coupable de voie de fait (3).

(1) Toulouse, 29 mars 1832, D. *Rép.*, V° *Référé*, n° 158 ; De Belleyme, t. I, p. 247 et suiv.

(2) Art. 608, C. pr. — *Contrà* : De Belleyme, t. I, p. 252.

(3) Bazot, p. 356.

CHAPITRE III

DÉLIVRANCE OU COLLATIONNEMENT DE TITRES JUDICIAIRES OU NOTARIÉS.

Comme complément aux principes relatifs à l'exécution des titres, il nous faut parler des moyens à employer pour avoir expédition ou copie d'un acte ou pour le faire modifier, et rechercher la compétence du juge des référés en ces cas.

Les greffiers et les dépositaires des registres publics doivent, sans ordre de justice, délivrer à tous requérants des expéditions, copies et extraits, à peine de dépens et dommages-intérêts (art. 853, C. pr.).

Si le greffier ou notaire refuse de délivrer à la partie intéressée expédition, ou si les parties ne peuvent s'entendre sur cette délivrance, le Président peut statuer en cas d'urgence. S'il n'y a pas d'urgence, la procédure à suivre est indiquée aux articles 839 et 840 du Code de procédure civile.

Le notaire ou tout autre dépositaire est autorisé à refuser l'expédition ou la copie d'un acte non enregistré ou imparfait (art. 841, C. pr.). Aux fins d'en obtenir copie, requête est présentée au Président du Tribunal qui statue ensuite, comme juge des référés, sur les difficultés auxquelles cette autorisation peut donner lieu (art. 843, C. pr.).

En cas de demande en délivrance de seconde grosse ou seconde expédition, c'est encore en référé que les parties ont à se pourvoir lors de contestation (art. 845, C. pr.) (1) ; de même qu'en cas de demande de collationnement de l'expédition (art. 852, C. pr.).

Ajoutons que le juge des référés n'est pas compétent pour statuer sur une demande de compulsoire : les articles 846 et suivants du Code de procédure civile sont très précis (2), et déclarent que la demande à fin de compulsoire sera jugée par le Tribunal, exigera le ministère d'avoué et devra être close par un jugement. De Belleyme (II, p. 106) a soutenu une opinion contraire.

(1) Paris, 8 mai 1857, D. 59.5.322.
(2) Bertin, nᵒˢ 1196 et suiv.

TITRE III

RÉFÉRÉS SUR DIFFICULTÉS AU SUJET DES SCELLÉS ET INVENTAIRE.

Les scellés et l'inventaire constituent des mesures conservatoires et d'une urgence presque toujours absolue ; aussi l'intervention du magistrat tenant l'audience des référés est-elle, en cette matière, des plus légitimes.

CHAPITRE PREMIER

SCELLÉS.

Apposition. — L'apposition de scellés a lieu : 1° après décès (Art. 907, C. pr.) ; 2° après faillite (Art. 449, C. com.) ; 3° après disparition d'un individu (Art. 114, C. civ.) ; 4° après dissolution de société (Art. 1872, C. civ., 18 C. com.) ou de communauté (Art. 769, C. civ.) ; 5° sur interdiction ; 6° sur séparation de corps et de biens ou divorce ; 7° sur saisie-exécution (Art. 591, C. pr.) ; 8° sur les deniers des comptables de l'État (Loi du 5 septembre 1807).

Les règles relatives aux scellés après décès s'appliquant aux autres cas d'appositions de scellés, sauf de rares exceptions, c'est de ceux-là que nous nous occuperons particulièrement.

En cas de difficultés, pour saisir le Président du Tribunal de première instance, les parties peuvent naturellement assigner à l'audience des référés, mais les articles 921, 922 du Code de procédure autorisent les référés sur procès-verbaux, dit Bertin. Dalloz (*Rép.*, V° *Référé*, n° 126) déclare que tous les référés durant l'opération s'introduisent sur le procès-verbal : un procès-verbal séparé serait considéré comme frustratoire (1).

(1) De Belleyme, t. II, p. 233.

L'apposition des scellés est faite par le juge de paix.
Si les portes du lieu où il se présente sont fermées, s'il
se rencontre des obstacles à l'apposition des scellés, s'il
s'élève, soit avant, soit pendant le scellé des difficultés,
il y sera statué en référé par le Président du Tribunal
(Art. 921, C. pr.).

Les scellés peuvent être apposés soit d'office, soit sur
réquisitions.

Ils sont apposés d'office par le juge de paix ou à la
diligence du ministère public, ou sur la déclaration du
maire ou adjoint de la commune : 1° si le mineur est
sans tuteur, et que le scellé ne soit pas requis par un
parent ; 2° si le conjoint ou si les héritiers ou l'un d'eux
sont absents ; 3° si le défunt était dépositaire public,
auquel cas le scellé ne sera apposé que pour raison de
ce dépôt et sur les objets qui le composent (Art. 911,
C. pr.).

S'ils ont été apposés indûment, il y a lieu à référé.

L'apposition des scellés peut être requise ensuite :
1° par tous ceux qui prétendent droit dans la succession
ou dans la communauté, c'est-à-dire par l'héritier à
réserve, l'héritier du sang, l'héritier mineur émancipé,
le légataire universel, l'époux survivant, les héritiers
de l'époux prédécédé, l'enfant naturel, les légataires
particuliers, les exécuteurs testamentaires. Quand des
difficultés se présentent sur la qualité du requérant, les
parties ou le juge de paix en réfèrent au Président (1) ;

_____

(1) Sur ces difficultés, V. Dutruc, V° *Scellés*, nos 10 et suiv. ; De

2° par tous créanciers, fondés en titre exécutoire ou autorisés par une permission soit du Président, soit du juge de paix du canton où le scellé doit être apposé. Ces créanciers sont ceux de la succession, de la communauté, de l'héritier, des créanciers de la succession ou du successeur, et doivent présenter un titre ayant quelque apparence sérieuse, leur créance fût-elle non échue ni exigible (1) ; 3° et en cas d'absence, soit du conjoint, soit des héritiers ou de l'un d'eux, par les personnes qui demeuraient avec le défunt, et par ses serviteurs ou domestiques.

Le juge des référés autorise ainsi l'apposition du moment où il ne peut y avoir de conséquences nuisibles (2). Si un testament est trouvé, le juge de paix en constate l'état et ordonne qu'il en sera référé au Président qui constate de nouveau l'état (3).

Le juge de paix peut, au moment de l'apposition des scellés, en référer au Président, non seulement sur les difficultés quelconques qu'il serait trop long d'énumérer relatives à cette apposition, mais encore sur toutes autres, et notamment pour accorder toutes autorisations urgentes et provisoires (gestion provisoire de la succession ; gestion du commerce) (4).

Belleyme, t. II, p. 237.

(1) De Belleyme, t. II, p. 237 ; Cass., 23 juillet 1872, D. 73.1.355.

(2) Riom, 29 mars 1879, Rousseau et Laisney, 1880, p. 305 ; Paris, 26 octobre 1881, Rousseau et Laisney, 1882, p. 59.

(3) V. D. *Rép.*, V° *Scellés* et V° *Dispositions testamentaires*, nos 3641 et suiv.

(4) Riom, 26 janvier 1884, S. 85.2.12.

Les oppositions aux scellés sont autorisées par l'article 926 du Code de procédure civile et 821 du Code civil. Le Président peut statuer en référé sur ces oppositions ; par exemple, il en donne mainlevée si elles sont faites sans titre ni permission, ou si les héritiers offrent de déposer les causes de l'opposition avec affectation spéciale, et réserve d'en contester la cause, afin d'éviter la présence de l'opposant aux opérations.

Levée. — La levée des scellés doit être faite à la requête de ceux qui prétendent droit dans la succession ou la communauté, aux créanciers fondés en titre exécutoire ou autorisés.

S'il y a contestation sur la question de savoir à la requête de quelle personne seront levés les scellés, il y a lieu de procéder provisoirement à la levée des scellés et à la confection de l'inventaire à la requête de tous les contestants, à moins que la question n'ait été soumise au juge des référés et résolue par lui.

Lorsque le juge de paix refuse de procéder à une levée de scellés, le Président du Tribunal civil est le seul juge compétent pour ordonner cette mesure s'il le juge convenable (1).

Les scellés ne peuvent être enlevés que moyennant une description des objets dont on a voulu assurer la conservation momentanée. Mais si la cause de l'apposition des scellés vient à cesser avant la levée ou pen-

(1) Bordeaux, 7 mars 1851, *J. Av.*, t. 77, p. 233.

dant l'opération, les scellés sont levés sans description (art. 940, C. pr.) (1) : si une opposition à cette opération se manifeste, le juge des référés statue ; cependant il ne pourra jamais ordonner une levée de scellés pure et simple lorsque le testament est attaqué (2) ou lorsque les intérêts d'un tiers peuvent être lésés. Les objets revendiqués doivent être inventoriés et séquestrés, à moins que, dans le délai imparti par le juge des référés, la demande en revendication n'ait été formée.

Un recours à la juridiction provisoire s'impose encore lorsqu'il existe des doutes quant à la nécessité de la présence de certaines personnes aux opérations de levée de scellés, soit en ce qui concerne les héritiers, soit en ce qui concerne les créanciers (3) ; ou lorsqu'il surgit des difficultés relatives à la rédaction du procès-verbal, à la nomination du notaire chargé de procéder à l'inventaire, etc....

En certains cas, comme pour rechercher un testament, certains papiers, pour interrompre une prescription, pour prendre certaines sommes, pour montrer les lieux à louer, pour exécuter des travaux urgents, une levée partielle des scellés peut avoir lieu : le juge des référés pourra l'autoriser (4).

(1) Bertin, n° 517.
(2) De Belleyme, t. II, p. 273.
(3) Riom, 30 janvier 1884, *J. Av.*, t. 110, p. 424.
(4) De Belleyme, t. II, p. 261.

CHAPITRE II

L'inventaire est nécessaire après décès lorsque les héritiers sont mineurs, interdits ou absents ; lorsque la succession est acceptée sous bénéfice d'inventaire ; lorsque les héritiers ne s'entendent pas sur le partage amiable.

L'inventaire peut être requis par tous ceux qui ont droit de demander la mainlevée des scellés (art. 941, C. pr.). Comme il constitue une mesure conservatoire, il doit être admis du moment où le requérant invoque quelque apparence de droit (1). Si la qualité d'héritier est contestée, le notaire doit mentionner dans son procès-verbal cette contestation et renvoyer les parties devant le Président.

Il appartient également au juge des référés de statuer sur les personnes qui pourront assister à l'inventaire (2).

Si les parties ne peuvent s'entendre sur le choix d'un notaire, d'un commissaire-priseur ou d'un expert, ils sont nommés d'office par le Président du Tribunal (3).

(1) Douai, 13 avril 1861, *J. Av.*, t. 1861, p. 442 ; De Belleyme, t. II, p. 290.

(2) Moreau, p. 71 et suiv.

(3) Rouen, 20 janvier 1878, D. 78.2.179.

Lors de la confection de l'inventaire, plusieurs contestations peuvent se présenter qui nécessiteront l'intervention du juge des référés, ainsi :

1° En cas de difficulté sur la question de savoir si une pièce sera inventoriée (1).

2° En cas de doute sur la propriété d'un objet pour la nomination d'un séquestre (2).

3° En cas de non-entente pour la remise des effets et papiers provenant du *de cujus*.

4° En cas de retard apporté à la confection de l'inventaire (3).

5° En cas de contestations soulevées entre les héritiers relativement à la communication de pièces et documents réclamés à l'un d'eux (4).

Enfin, le juge des référés peut décider de l'administration de la succession ou de la communauté (art. 944, C. pr.), pourvoir à la gestion d'un fonds de commerce (5) : mais il ne pourrait prendre aucune décision ayant le caractère d'un acte de disposition, comme l'attribution définitive à un héritier de certains meubles.

(1) Bertin, n° 673.
(2) De Belleyme, t. II, p. 285 ; Paris, 20 juin 1895, D. 96.2.245, *Gaz. Trib.*, 28 juin 1895.
(3) De Belleyme, t. II, p. 289.
(4) Seine, 3 juillet 1896, *Le Droit*, 18 août 1896.
(5) De Belleyme, t. II, p. 319.

CHAPITRE III

Après l'examen des difficultés pouvant survenir au décès d'une personne, nous devons nous poser la question de savoir si un recours en référé n'est pas recevable contre la décision présidentielle autorisant le légataire universel à se mettre en possession des biens qui lui ont été attribués par le testateur ?

Après les explications fournies précédemment, il nous est facile de donner la solution.

L'ordonnance rendue sur requête et autorisant l'envoi en possession est un acte de juridiction gracieuse (1) qui ne peut être attaqué ni par la voie de l'opposition ni par celle de l'appel, ouvertes seulement pour obtenir la réformation des décisions de la juridiction contentieuse, ni même par la voie du référé, car nous savons qu'en l'absence d'une réserve spéciale inscrite dans l'autorisation, aucune ordonnance présidentielle ne peut être discutée devant la juridiction des référés (2).

(1) Nous considérons l'envoi en possession comme un acte de juridiction gracieuse parce qu'elle est rendue sur requête et qu'ainsi la partie adverse n'a pas été appelée à se défendre (Paris, 25 mars 1884, D. 85.2.158 ; Paris, 25 mars 1892, D. 92.2.245). Mais la question est controversée : Nancy, 20 décembre 1892, D. 94.2.9.

(2) *Contrà* : Troplong, *Donations et Testaments*, t. 4, n° 1826 ; De Belleyme, t. 1, p. 75.

Le seul moyen réservé aux personnes que peuvent blesser les conséquences d'une ordonnance d'envoi en possession qui ne peut plus être rétractée ni réformée, est de s'adresser au Président en référé pour obtenir certaines mesures conservatoires (1), comme l'apposition des scellés et la confection d'un inventaire, la nomination d'un séquestre, d'un administrateur provisoire (2). Un arrêt de la Cour de Paris du 5 avril 1889 (3) a décidé qu'il n'appartient pas au juge des référés d'annuler par la nomination d'un séquestre les effets de l'envoi en possession obtenu par un légataire universel lorsqu'en fait il n'y a pour les héritiers ni urgence, ni péril justifiés, alors d'ailleurs qu'une instance relative à la validité du testament a été précédemment engagée par eux, au fond, devant le Tribunal.

(1) Pau, 30 mai 1870, D. 71.2.85.
(2) Paris, 26 mars 1884, D. 85.2.158.
(3) Paris, 5 avril 1889, *Gaz. Pal.*, 89.1.750.

CONCLUSION

Les rédacteurs du Code se sont contentés de poser quelques principes généraux en matière de référés ; mais ces principes sont, de l'aveu de tous, incomplets et insuffisants. C'est dire que le titre des référés devrait être remanié. Aussi ne pouvons-nous que souhaiter la réalisation du projet de réforme du Code de procédure civile.

Le projet, présenté au nom de M. Carnot, Président de la République française, par M. Antonin Dubost, Garde des Sceaux, Ministre de la Justice, adopte le principe actuellement en vigueur sur la question de savoir quand il y aura lieu à référé : ce sera pour affaires urgentes. Le référé sera toujours porté devant le Président du Tribunal civil ou le juge qui le remplacera, aux jour et heure indiqués non plus par le Tribunal, mais par le Président (art. 2 du projet). Tel est le principe.

S'il y a extrême urgence, on pourra assigner en référé, comme sous l'empire du Code actuel, devant le Président, siégeant même chez lui, en dehors des audiences ordinaires des référés. Dans ce cas, l'assignation ne peut être faite que sur ordonnance du Président, en réponse à une requête à lui présentée par un avoué. Cette règle qui existe déjà actuellement est maintenue (art. 3), mais le projet innove sur ce point, en ce sens que les jours fériés le Président pourra permettre l'assignation non plus par ordonnance sur requête, mais bien sur mémoire présenté par la partie (art. 3, *in fine*).

L'article 1ᵉʳ du projet qui correspond à l'article 806 du Code actuel dit qu'il y aura lieu à référé « en matière civile ou commerciale ». Cette mention des affaires commerciales n'existe pas dans l'article 806 : ce sera, comme au civil, le Président du Tribunal civil ou un juge civil le remplaçant qui statuera (art. 2).

L'article 10 du projet décide qu'on pourra se pourvoir en référé contre une ordonnance sur requête ; on a voulu ainsi donner au juge le droit, à la demande des parties, de revenir sur les décisions qu'il a rendues dans son ordonnance, tant que le Tribunal n'est pas encore saisi au fond.

Reste à signaler l'innovation faite dans l'article 9 du projet qui donne au juge du référé le droit de statuer, suivant les cas, sur les dépens du référé (1).

_____

(1) Texte du projet : *Des référés* : Aʀт. 1. — Dans tous les cas d'urgence, en matière civile ou commerciale, ou lorsqu'il s'agira de statuer provisoirement sur les difficultés relatives à l'exécution d'un titre exécutoire ou d'un jugement, il est procédé ainsi qu'il va être réglé ci-après.

Aʀт. 2. — La demande est portée à une audience tenue à cet effet par le Président du Tribunal civil, ou par le juge qui le remplace, aux jour et heure indiqués par lui.

Aʀт. 3. — Dans les cas d'extrême urgence, le Président peut permettre d'assigner, soit à l'audience, soit à son hôtel, à heure indiquée, même les jours de fête ; et, dans ce cas, l'assignation ne peut être donnée qu'en vertu de l'ordonnance du juge qui commet un

En attendant le vote du projet de loi, nous avons essayé de dégager en cette étude les principes applicables
à la juridiction des référés, sans aucune prétention à
l'infaillibilité dans une matière aussi ardue et aussi contradictoire ; et nous nous sommes borné à résumer

huissier à cet effet. Les jours fériés, le Président peut autoriser l'assignation même sur simple mémoire signé de la partie ; les droits
de timbre et d'enregistrement du mémoire et de l'ordonnance sont
perçus au moment de l'enregistrement de l'exploit d'assignation.

ART. 4. — Le demandeur a le droit d'assigner, soit devant le juge
indiqué aux articles 1 à 8 du titre des ajournements, soit devant le
juge du lieu fixé pour l'exécution de la convention, soit devant celui
du lieu où l'obligation a pris naissance ; lorsque le référé a pour
objet des difficultés relatives à l'exécution d'un titre ou d'un jugement, le juge compétent est toujours celui du lieu où l'exécution est
poursuivie.

ART. 5. — Les ordonnances sur référé ne font aucun préjudice
au principal ; elles sont exécutoires par provision et sans caution, si
le juge n'a pas ordonné qu'il en serait fourni une.

Dans les cas d'absolue nécessité, le juge peut ordonner l'exécution
de son ordonnance sur la minute, et même avant l'enregistrement.

ART. 6. — Les ordonnances ne sont pas susceptibles d'opposition.
Le Président peut ordonner que la partie défaillante sera réassignée
au jour qu'il indique.

ART. 7. — Le Président peut, suivant les circonstances, renvoyer
les parties en état de référé devant le Tribunal à l'audience qu'il
indique.

ART. 8. — Dans les cas où la loi autorise l'appel, cet appel peut
être interjeté même avant le délai de huitaine à dater de l'ordonnance ou du jugement ; il n'est point recevable s'il a été interjeté
après la quinzaine à dater du jour de la signification. L'appel est
jugé d'urgence.

ART. 9. — Le Président peut, suivant les cas, statuer sur les dépens de l'ordonnance du référé et de la signification.

ART. 10. — On ne peut se pourvoir en référé contre une ordonnance sur requête que dans les cas prévus par la loi ; l'ordonnance
et la décision rendues sur le référé ne sont pas susceptibles d'appel.

Journal Officiel du 9 mai 1892.

également les principaux arrêts rendus en cette matière, heureux si cette modeste étude peut être de quelque utilité ou servir de guide à quelques praticiens.

Vu :

Le Président de la thèse,
ALBERT WAHL.

Vu :

Le Doyen de la Faculté,
LOUIS VALLAS.

Vu et permis d'imprimer.

Le Recteur,
J. MARGOTTET.

TABLE DES MATIÈRES

TROISIÈME PARTIE

PRINCIPES DE COMPÉTENCE

QUATRIÈME PARTIE

CAS DE RÉFÉRÉS

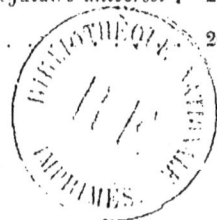

Imp. G. Saint-Aubin et Thevenot.— J. THEVENOT, Successeur, Saint-Dizier (Haute-Marne).

www.ingramcontent.com/pod-product-compliance
Lightning Source LLC
Chambersburg PA
CBHW070259200326
41518CB00010B/1833